प्रारम्भिक कम्प्यूटर शिक्षा

भाग-3

यह शृंखला

प्रारम्भिक कम्प्यूटर शिक्षा भाग-1
प्रारम्भिक कम्प्यूटर शिक्षा भाग-2
प्रारम्भिक कम्प्यूटर शिक्षा भाग-3
माध्यमिक कम्प्यूटर शिक्षा
कम्प्यूटर सामान्य ज्ञान एवं यूज़र गाइड

लेखक की अन्य कम्प्यूटर विषयक पुस्तकें

कम्प्यूटर परिचारण तत्त्व
बेसिक प्रोग्रामिंग
कम्प्यूटर क्या, क्यों और कैसे ?
Digital Logic and Microcomputer Technology
Information Systems - Analysis and Design

प्रारम्भिक कम्प्यूटर शिक्षा
तीन

राम बंसल विज्ञाचार्य

वाणी प्रकाशन

वाणी प्रकाशन

4695, 21-ए, दरियागंज, नयी दिल्ली 110 002

शाखा

अशोक राजपथ, पटना 800 004

फ़ोन : +91 11 23273167 फ़ैक्स : +91 11 23275710

www.vaniprakashan.in
vaniprakashan@gmail.com
sales@vaniprakashan.in

Prarambhik Computuer Siksha-3
by Ram Bansal Vigyacharya

ISBN : 978-93-5000-521-7
Computer

संस्करण 2012

मूल्य : ₹200

रजौरिया प्रिंटर्स, दिल्ली-110 093 में मुद्रित

वाणी प्रकाशन का लोगो मक़बूल फ़िदा हुसेन की कूची से

अध्यापकों एवं क्षात्र-अभिभावकों के प्रति

प्रिय सज्जनो,

कम्प्यूटर उपयोग के दो पक्ष सर्वविदित हैं - प्रथम, मनुष्यों की आजीविका-हनन, तथा द्वितीय, मानव बुद्धि एवं कर्म को कुशाग्रण। इन दोनों पक्षों में से कौन सा किस व्यक्ति अथवा समाज पर लागू होता है यह व्यक्ति अथवा समाज के कम्प्यूटर विषयक ज्ञान पर निर्भर करता है। जिन्हें यह ज्ञान है, वे कम्प्यूटरों के अधिपति हैं तथा इनसे सम्बल प्राप्त करते हैं। जो इस ज्ञान से वंचित हैं, वे कम्प्यूटरों से त्रस्त हैं।

कम्प्यूटरों का विकास पाश्चात्य देशों में होने के कारण बहुल भारतीय मानस इन्हें विदेशी तत्त्व मानकर इनसे अछूता बना हुआ है। इसका प्रबल कारण भारतीय भाषाओं में कम्प्यूटर विषयक पुस्तकों का अभाव है। विद्यालयी शिक्षा में कम्प्यूटरी पाठ्यक्रमों का अपनाया जाना भी अँग्रेजी माध्यम विद्यालयों तक ही सीमित है। इसका कारण भी हिन्दी तथा अन्य भारतीय भाषाओं में कम्प्यूटर विषयक पुस्तकों का अभाव ही है।

कम्प्यूटर विज्ञान तथा विद्या एक अति वृहत् विषय है। अत: इनका क्रमगत अध्ययन एवं अध्यापन ही संभव है। भारत को विश्व समुदाय में अपना स्थान बनाने हेतु अपने प्रत्येक क्षात्र-क्षात्रा को कम्प्यूटरों के क्रमगत अध्यापन की व्यवस्था करना अपरिहार्य है किन्तु अभी तक इस दिशा में कोई सक्षम प्रयास नहीं हुए हैं।

नवाचार सदैव से साहसी व्यक्तियों हेतु आरक्षित क्षेत्र रहा है। जब वाणी प्रकाशन ने हिन्दी में कम्प्यूटर शिक्षा विषयक पुस्तकों के नवाचार का बीड़ा उठाया और इसमें मेरा सहयोग चाहा तो मेरा एक सपना मूर्त रूप लेने लगा। परिणामस्वरूप, कम्प्यूटरी शिक्षा के उच्च माध्यमिक पर्यन्त प्रथम पाँच चरणों की रूपरेखा तैयार हुई जिसमें कम्प्यूटरी ज्ञान केवे सभी अँग समाहित किये गये जो प्रशिक्षु को कम्प्यूटरों के अधिपति होने की ओर अग्रसरित कर सके। श्रँखला को क्षात्रों के बौद्धिक स्तर एवं शिक्षा सत्रों में उपलब्ध समय के अनुसार किया गया है जिसका अन्तिम चरण केन्द्रीय माध्यमिक शिक्षा मण्डल के उच्च-माध्यमिक कम्प्यूटरी पाठ्यक्रम से कुछ उच्चीकृत है।

पूर्ण निष्ठायुक्त प्रयासों द्वारा निर्मित इस अभियोजना में विद्वान अध्यापकों एवं अभिभावकों के संशोधनपरक सुझाव सदैव स्वागतेय होंगे।

भवदीय

नव सहस्राब्दी प्रतीक्षा पल

विज्ञाचार्य

शिविर अलवर

क्षात्रों के प्रति

प्रिय कुसुमो,

पाश्चात्य संस्कृति से प्रदूषित एवं अभी तक मैकाले के मानसपुत्रों द्वारा प्रशासित इस भारतभूमि पर तुमने अपनी शिक्षा हेतु हिन्दी माध्यम को अपनाकर अपना, हिन्दी का, और इस राष्ट्र का गौरव बढ़ाया है। तुम्हें हिन्दी में ही समस्त विषयों की पुस्तकें प्राप्त करने का अधिकार है। इसके लिये हमारी पीढ़ी अपराधी है कि इसने तुम्हारे इस देय की समुचित व्यवस्था नहीं की।

हिन्दी भाषा में कम्प्यूटरी शिक्षा के अनिवार्य अँगों की यह प्रथम पुस्तकमाला तुम्हें समर्पित है। इसमें तुम्हें क्या कमियाँ प्रतीत हुईं, तुम्हारे सरल शब्दों के माध्यम से यह जानने को मैं सदैव उत्सुक रहूँगा।

हिन्दी भाषा अँग्रेजी की तुलना में अधिक सशक्त एवं सक्षम भाषा है - यह विश्वास रखो, और कदम-दर-कदम आगे बढ़ते जाओ।

शुभकामनाओं सहित,

तुम्हारा ही

विज्ञाचार्य

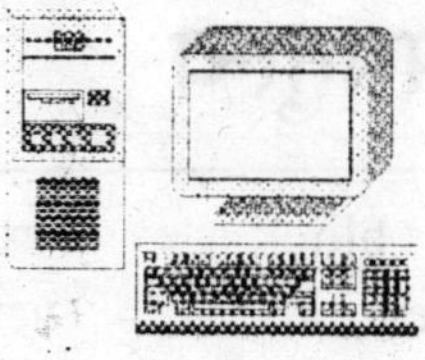

अध्ययन क्रम

अँग्रेज़ी-हिन्दी शब्द समतुल्य

Adapter card	अनुकूलक पत्रक
Analysis	विश्लेषण
Appliance	उपादान
Application	उपादयन
Arithmetic logic unit	अंकगणित तर्क इकाई
Assembler program	संयोजक क्रमशय
Assembly language	संयोजन भाषा
Backspace	पश्चरिक्ति
Basic	आधारभूत
Binary	द्विअंकी
Bit	द्विंक
Block	गुट
Board	पटल
Booting	प्रवर्तन
Bus	संयुज्जी
Byte	अंकाष्ट
Cache memory	मध्यमा स्मृति
Capital letters	ओद्य अक्षर
Card	पत्रक
Central	केन्द्रीय
Character	चरित
Command	समादेश
Compact	संपुट
Compilation	सविचयन
Compiler program	सविचयी क्रमशय
Computer	अनुकर
Connector	सम्बन्धक
Contrast	संभेद
Control	संयमन
Conventional memory	सम्मत्य स्मृति
Counter	गणित्र
Data	आधर
Decision block	निर्णय गुट
Delete key	मिटाव कुंजी
Design	अभिकल्प
Device	युक्ति
Dialog box	संवाद आयत
Digital	अंकीय
Directory	निदेशिका
Disk	चकती
Display	अभिदर्श
Drive	संचाली
Dropdown menu	अधोस्थित विकल्पसूची
Edit	सम्पादन
Editor program	सम्पादक क्रमशय
End key	अन्तस्थल कुंजी
Enhanced	उच्चीकृत
Enter	प्रवेश
Entry	प्रविष्टि
Escape key	क्रियात्याग कुंजी
Expanded	विस्तारित
Expansion slot	विस्तार खंच
Expression	व्यक्तव
Extended	व्यालम्बित
External	बाह्य
File	संचिका
Filename	संचिकानाम
File Extension	संचिका उपनाम
Finish	समापन
Fixed	स्थायी
Floppy	अपनेयी
Flowchart	प्रवाहतूलचित्र
Format	स्वरूपण
Function	कर्त्यन
Hard Disk Drive	स्थायी चकती संचाल
Hardware	यथावस्तु

Help	सहायता
Hexadecimal	षष्ठदशांकी
High-level language	उच्च-स्तरीय भाषा
High memory area	उच्च स्मृति क्षेत्र
Home key	प्रास्थल कुंजी
Input	अंतर्गतन
Insert	मध्यस्थापन
Installation	संस्थापन
Instruction	विनिदेश
Intelligent	बुद्धिमान
Internal	आंतरिक
Interpretter	व्याख्याता
Iteration	आवर्तन
Key	कुंजी
Keyboard	कुंजीपटल
Keypress	कुंजीउपयोग
Keystroke	कुंजीदोल
Language	भाषा
Logic	तर्क
Loop	पाश
Magnetic	चुंबकीय
Math. expression	गणितीय विपुष्ट
Memory	स्मृति
Menu	विकल्पसूची
Microelectronics	सूक्ष्मवैद्युत्यिकी
Modifier	संशोधक
Monitor	प्रेक्षक
Motherboard	मातृपटल
Numeric keypad	सांख्यिक कुंजीपट
Object program	अभिलक्ष्य क्रमशय
Operand	परिचार्य
Operation	परिचारण
Operator	परिचारक
Output	बहिर्गतन
Page Down key	पूर्वपृष्ठ कुंजी
Page Up key	उत्तरपृष्ठ कुंजी
Path	पथ
Pause key	विराम कुंजी

Personal	वैयक्तिक
Popup menu	उपरिस्थित
Port	तोरण
Print	मुद्रण
Printer	मुद्रक
Procedure	संविधि
Process	संक्रिया
Processing	संस्कारण
Processor	संस्कारक
Program	क्रमशय
Programmable	क्रमशेय
Programmed	क्रमशयित
Programming	क्रमशयन
Prompt	उद्योत
Radix	मूलांक
Read-Only memory	मात्र-पठन स्मृति
Remark	टिप्पणी
Resetting	पुनस्स्थायन
Resolution	संघटन
Retrieval	पुनराकृतन
Root	मूल
Saving	सुरक्षण
ScrollLock key	सरकननिपिद्ध कुंजी
Secondary	द्वितीयक
Self-test	स्वपरीक्षण
Sequenced	क्रमित
Setup	स्थायन
Sign	प्रतिचिन्ह
Shift	अंतरण
Signal	संकेत
Slot	खंच
Small letters	उद्य अक्षर
Software	परावस्तु
Source program	स्रोत क्रमशय
Spacebar	रिक्तिपट्टिका
Statement	कथन
Standard	मानक
Step	सोपान

Storage	संगृहण
Structured program	संरचित क्रमशय
Subdirectory	उपनिदेशिका
Subsystem	उपतन्त्र
Supply	प्रदाय
Switch	संवर्त
Symbol	संकेत
System	तन्त्र, प्रणाली, पद्यति
Tab key	कुदान कुंजी
Text	पाठ्य
Toggle key	द्विदिशी कुंजी
Tree	वृक्ष
Typing	टंकण
Unit	एकक, इकाई
Upper memory block	उपरि स्मृति गुट
User	उपयोक्ता
Variable	चर
Video	दृष्ट्य
Virus	दुष्कूट
Volatile memory	वाष्पेय स्मृति
Word	शब्द
World	जगत

हिन्दी–अँग्रेज़ी शब्द समतुल्य

अंकीय	Digital
अंकगणितीय प्रतिचिन्ह	Arithmetic sign
अधोस्थित विकल्पसूची	Dropdown menu
अन्तर्गतन	Input
अन्तर्गतन युक्ति	Input Device
अन्तरण कुंजी	Shift Key
अन्तस्थल कुंजी	End key
अनुकर	Computer
अनुकूलक पत्रक	Adapter card
अपनेयी चकती	Floppy Disk
अभ्याकरण	Display
अभिकल्प	Design
अभिलक्ष्य क्रमशय	Object program
अधिदेश	Command
आधर	Data
आधारभूत	Basic
आन्तरिक अधिदेश	Internal Command
उच्च स्मृति क्षेत्र	High memory area
उच्चस्तरीय भाषा	High level language
उत्तरपृष्ठ कुंजी	PageUp key
उद्योत	Prompt
उपतन्त्र	Subsystem
उपनाम	Extension
उपनिदेशिका	Subdirectory
उपयोक्ता प्रोग्राम	User Program
उपरिस्थित विकल्पसूची	Popup menu
उपरि स्मृति गुट	Upper memory block
उपलब्धि	Availability
उपादयन क्रमशय	Application program
उपादान	Appliance
ओद्यक कुंजी	Capslock Key
क्रमशय	Program
क्रमशयन	Programming
क्रमशयित	Programmed
क्रमशायक	Programmer
क्रमशेय	Programmable
क्रमित	Sequenced
क्रियात्याग कुंजी	Escape key
कर्त्यन	Function
कुदान कुंजी	Tab key
कुंजीदोल	Keystroke
कुंजीउपयोग	Keypress
कुंजीपटल	Keyboard
केन्द्रीय संस्कारक एकक	Central Processing Unit
गणित्र	Counter
चकती	Disk
चर	Variable
चरित	Character
चुम्बकीय चकतियाँ	Magnetic disks
जगत	World
टंकण कुंजियाँ	Typing Keys
टिप्पणी	Remark
तन्त्रीय प्रोग्राम	System Program
तोरण	Port
दृष्ट्य	Video
द्विअंकी पद्धति	Binary System
द्वितीयक संगृहण स्मृति	Sec. storage memory
द्विदिशी क्रिया कुंजी	Toggle key
दुष्कूट	Virus
निर्णय गुट	Decision block
निदेशिका	Directory
प्रतीक	Signal
प्रदर्श	Screen
प्रर्वतन	Booting
प्रवाहतूलचित्र	

प्रविष्टि	Flowchart	व्याख्या	Expression
प्रवेश	Entry	व्याख्याता क्रमशय	Interpretation
प्रारूप	Enter	व्यालम्बित स्मृति	Interpretter program
प्रास्थल कुंजी	Proforma	वृक्ष	Extended memory
प्रेक्षक	Home key	अक्षर	Tree
प्रौद्योगिकी	Monitor	वाष्पेय स्मृति	Letter
पथ	Technology	विकल्पसूची	Volatile memory
पश्चरिक्ति	Path	विनिदेश	Menu
परावस्तु	Backspace	विराम	Instruction
परिचार्य	Software	विश्लेषण	Pause
परिचारक	Operand	विस्तार खांच	Analysis
परिचारण	Operator	विस्तारित स्मृति	Expansion slot
परिचारण प्रणाली	Operation	वैयक्तिक कम्प्यूटर	Expanded memory
पाठ्य	Operating System	शब्द	Personal Computer
पाश	Text	शब्दकोश	Word
पुनराकृतन	Loop	षष्ठदशांकी	Dictionary
पुनरावर्तन गुट	Retrieval	स्थायी चकती संचाली	Hexadecimal
पुनस्स्थापन	Reiteration block	स्रोत क्रमशय	Fixed Disk Drive
पूर्वपृष्ठ कुंजी	Reset	स्वपरीक्षण	Source program
पेटिका	PageDown key	स्वरूपण	Self test
बहिर्गतन	Casing	संक्रिया	Formatting
बाह्य अधिदेश	Output	संगृहण	Process
बुद्धिमान मशीन	External Command	संघटन	Storage
भाषा	Intelligent Machine	संचालक	Resolution
मध्यमा स्मृति	Language	संचाली	Driver
मध्यस्थापन कुंजी	Cache memory	संचिका	Drive
मात्र-पठन स्मृति	Insert key	संचिकानाम	File
मातृपटल	Read-Only memory	संदर्श	Filename
मानक	Motherboard	संपादक क्रमशय	Condition
मिटाव कुंजी	Standard	संपादन	Editor program
मुद्रक	Delete key	संपुट चकती	Editing
मुद्रण	Printer	संभेद	Compact disk
मूल निदेशिका	Print	संमत्य स्मृति	Contrast
मूलांक	Root Directory	संयमक पटल	Conventional memory
यथावस्तु	Radix	संयमन	Control panel
युक्ति	Hardware	संयुज्जी	Control
रिक्ति पट्टिका	Device	संयोजक क्रमशय	Bus
व्यक्तव	Spacebar	संयोजी भाषा	Assembler program

संरचित क्रमशय	Assembly language
संवर्त	Structured program
संवाद आयत	Switch
संविचयक	Dialog box
संविचयन	Compiler
संविधि	Compilation
संशोधक	Procedure
संस्कारक	Modifier
संस्कारण	Processor
समापन	Processing
सरकननिषिद्ध कुंजी	Finish
सहायता	ScrollLock key
सांख्यिक कुंजीपट	Help
साधारण द्विअंकी	Numeric keypad
पद्यति	Plain binary System
सुरक्षण	Saving
सुरक्षा	Safety
सूचना	Information
सूक्ष्मकम्प्यूटर	Microcomputer
सूक्ष्मसंस्कारक	Microprocessor
सूक्ष्मवैद्युत्यिकी	Microelectronics

1
पिछले भाग से

कम्प्यूटर तन्त्र हार्डवेयर तथा **सॉफ्टवेयर** के संयुक्त स्वरूप को कहते हैं। हार्डवेयर द्रव्यात्मक होते हैं तथा सॉफ्टवेयर सूचनात्मक। सॉफ्टवेयर में अनेक प्रकार के प्रोग्राम होते हैं जो संचिकाओं के रूप में कम्प्यूटर चकतियों पर संगृहित होते हैं। इन्हीं चकतियों पर इसी प्रकार की संचिकाओं में वे सूचनाएँ भी होती हैं जिनपर कम्प्यूटर कार्य करता है। अत: कम्प्यूटर में एक प्रकार की सूचनाएँ दूसरे प्रकार की सूचनाओं पर कार्य करती हैं। अनेक स्थितियों में प्रथम प्रकार की सूचनाएँ दूसरे प्रकार की सूचनाओं की तरह संस्कारित की जा सकती हैं।

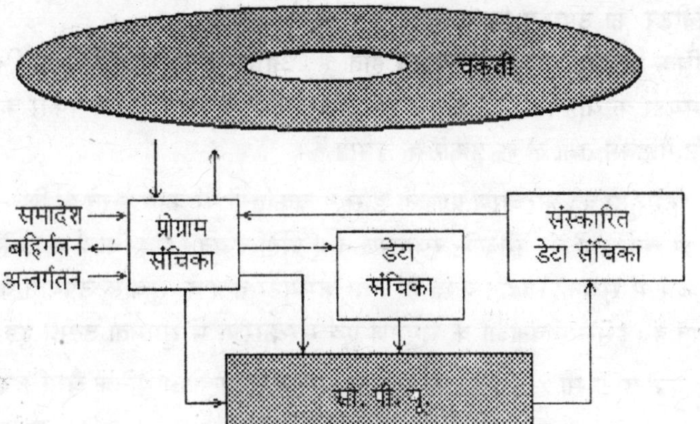

कम्प्यूटर सभी प्रकार की सूचनाओं को केवल दो प्रकार के संकेतों के माध्यम से व्यवहार में लेता है। ये संकेत विद्युत धारा का प्रवाह अथवा अप्रवाह होते हैं, जिन्हें शून्य तथा एक के अंक से दर्शाया जाता है। इसे **बाइनरी पद्धति** कहते हैं। प्रत्येक अंक संकेत को एक **बिट** कहते हैं।

मनुष्यों के नित्यप्रति काम में आने वाली सभी प्रकार की सूचनाएँ अंकों, वर्णों तथा कुछ प्रतीकों के रूप में होती हैं। अत: कम्प्यूटरों से इन सूचनाओं के संस्कारण के लिये यह आवश्यक हो जाता है कि ये सामान्य सूचनाएँ कम्प्यूटर द्वारा व्यवहार में लाये जा सकने वाले संकेतों से प्रदर्शित हों। इसके लिये प्रत्येक ऐसे चरित के लिये जो किसी भी सूचना में प्रयुक्त किया जा सकता हो, के लिये एक बिट समूह निर्धारित कर दिया जाता है। सामान्यत: इस प्रकार के बिट समूह में आठ बिटों का उपयोग किया जाता है जिससे 256 भिन्न चरित दर्शाये जा सकते हैं। **आस्की** इसी प्रकार का एक बाइनरी कूट है जो अन्तरराष्ट्रीय स्तर पर प्रयुक्त होता है।

कम्प्यूटर चकतियों पर सूचनाओं को अंकित करने के लिये किसी **उपादयन** अथवा **उपयोक्ता प्रोग्राम** का आश्रय लेना होता है। इन प्रकारों के प्रत्येक प्रोग्राम में एक **सेव** नामक अधिदेश अवश्य होता है। सूचना की प्रविष्टि करते समय सूचना कम्प्यूटर की मुख्य स्मृति रैम पर अंकित होती जाती है। जहाँ यह सुरक्षित नहीं होती । सेव

अधिदेश इन सूचनाओं को मुख्य स्मृति से प्राप्त करके चकती पर निर्धारित **संचिका** के नाम से संगृहित कर देता है।

कम्प्यूटर में सूचनाओं को सामान्यत: चुम्बकीय चकतियों के तल पर वृताकार पथों के बिन्दुओं के चुम्बकन अथवा अचुम्बकन से संगृहित किया जाता है। चकती पर संगृहित सूचना तब तक यथावत् बनी रहती है जब तक कि उसमें परिवर्तन नहीं किया जाता। बाद में आवश्यकता होने पर संचिका के नाम का उपयोग करके सूचना को प्राप्त किया जा सकता है।

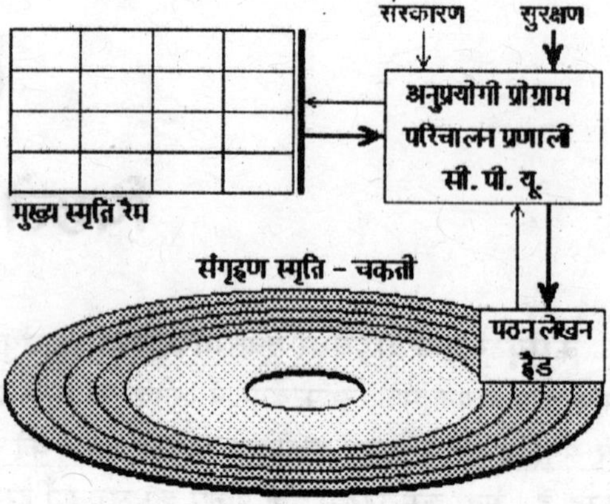

डेटा संस्कारण एवं सुरक्षण

अन्तर्गतन युक्ति के रूप में **कुंजीपटल** कम्प्यूटर की सर्वाधिक प्रचलित युक्ति है जिसको अधिकाधिक उपयोगी बनाने के लिये इसमें अनेकानेक विशेष कुंजियों के प्रावधान किये गये हैं। क्षण प्रतिक्षण कम्प्यूटर की गतिविधियों को दृष्टिगत रखने के लिये **बहिर्गतन युक्ति मॉनीटर** का उपयोग किया जाता है। जिसका सबसे अधिक विशिष्ट गुण **रिजोल्यूशन** होता है। आधुनिक मॉनीटरों में 256 भिन्न अक्षर प्रदर्शित किये जा सकते हैं। कम्प्यूटर के बहिर्गतन को कागज पर अंकित करने के लिये अनेक प्रकार के **मुद्रक** विकसित किये गये है। जिनमें डॉट मैट्रिक्स तथा लेजर प्रकार के प्रमुख हैं।

कम्प्यूटर की परिचारण प्रणाली डॉस में चकतियों पर कार्य करने के लिये अनेक सुविधाजनक प्रोग्राम सम्मिलित हैं जो चकतियों का परीक्षण, स्वरूपण तथा प्रतिलिप्यन आदि कार्य करते हैं, संचिकाओं तथा निदेशिकाओं आदि के बारे में सूचनाएँ प्रदान करते है, तथा कम्प्यूटर तन्त्र के सुचारू उपयोग के लिये कई प्रकार की सुविधाएँ पदान करते हैं। इससे सूचनाओं के संगृहण एवं **संस्कारण** में सुगमता उत्पन्न हुई है।

एक छोटी सी 2–3 फीट की मेज पर समा जाने वाला आधुनिक **वैयक्तिक कम्प्यूटर** बहुत बड़े–बड़े कार्य करने में सक्षम हो गया है। इसलिये बहुधा इसका निरन्तर उपयोग किया जाता है। इस निरन्तर उपयोग से परिचारक के स्वास्थ्य पर दुष्प्रभाव पड़ने का भय रहता है। इसके साथ ही इस बहूपयोगी उपस्कर की सुरक्षा का भी ध्यान रखना होता है। धूल, नमी, तथा ताप इसके प्रमुख शत्रु हैं।

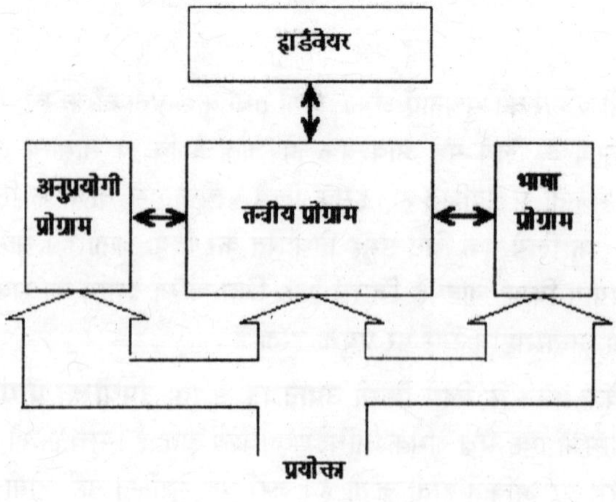

कम्प्यूटर द्वारा केवल बाइनरी भाषा समझी जा सकने के कारण सभी प्रोग्राम या तो बाइनरी भाषा मे बनाये जाते हैं अथवा ऐसे प्रोग्रामों द्वारा बनाये जाते हैं जो साधारण

भाषा में लिखे प्रोग्राम को बाइनरी भाषा मे संपरिवर्तित कर देते हैं। इन प्रोग्रामों को **भाषा प्रोग्राम** कहते हैं। अब तक भाषाओं की चार पीढ़ियों में लगभग 200 विभिन्न भाषाओं का विकास किया जा चुका है।

सामान्य भाषा में कम्प्यूटर **प्रोग्राम** इसके अधिदेशों की क्रमबद्ध सूची होती है जिन्हें कम्प्यूटर एक एक करके क्रियान्वित करता है। इस प्रकार डॉस के अनकानेक अधिदेशों का उपयोग करके भी प्रोग्रामों का निर्माण किया जा सकता है जिन्हें **बैच प्रोग्राम** कहते हैं। प्रोग्राम तैयार करने का यह सरलतम उपाय है, इस संक्रिया में डॉस को प्रोग्रामिंग की भाषा कहा जा सकता है। इस प्रकार के प्रोग्रामों के निर्माण के लिये डॉस में एक विशेष प्रोग्राम है जिसे सम्पादक कहा जाता है।

प्रोग्राम तैयार करना एक विशेषज्ञ का कार्य है अधिकतर कम्प्यूटर उपयोक्ता विशेषज्ञ नहीं है, इनके लिये अनेक जन उपयोगी प्रोग्राम व्यावसायिक रूप से उपलब्ध हैं जिन्हें उपादयन प्रोग्राम कहते हैं जिनमें से प्रत्येक का एक विशेष कार्य क्षेत्र होता है। लगभग प्रत्यके मानवीय कार्यक्षेत्र के लिये अनेकानेक **उपादयन प्रोग्राम** उपलब्ध हैं। कम्प्यूटरों के अधिकांश उपयोक्ता इन्हीं उपादयन प्रोग्रामों के उपयोग से अपने लक्ष्यों को प्राप्त करते हैं।

प्रौफेशनल राइट एक अत्यन्त सरल पाठ्य संस्कारक उपादयन प्रोग्राम है जो नव प्रशिक्षुओं के लिये अध्ययन का अच्छा व सुगम साधन है। इसका उपयोग भी सरल है। इसमें अधिदेश देने के लिये **विकल्प सूचियाँ** उपलब्ध होती हैं जिनमें से **उपयोक्ता** अपनी आवश्यकतानुसार अधिदेश का चुनाव करता है। पत्र व निबन्ध आदि लिखने के लिये यह प्रोग्राम सुविधाजनक है।

अभ्यास :

एक ऐसा बैच प्रोग्राम बनाइये जो चकती संचाली ए: में लगी नई चकती को बूट डिस्क बनाते हुए फॉर्मेट करके इसपर चकती सी: की की डॉस निदेशिका की सभी .कॉम उपनामित संचिकाओं की प्रतिलिपि करके उन संचिकाओं को मात्र-पठन लक्षण प्रदान कर सके। इस प्रोग्राम का कम्प्यूटर पर उपयोग करके अपने व्यक्तिगत उपयोग के लिये बूट डिस्क बनाइये तथा इसे सुरक्षित रखिये।

इस अभ्यास में अपनायी गई का अपने शब्दों मे अक्षरन कीजिये।

प्रश्नमाला :

न्म्रिलिखित पाठ्य के रिक्त स्थानों को भरिये -

कम्पयूटर तन्त्र के दो अनिवार्य अवयव .... तथा .... होते हैं जिनमें से .... को हम प्रत्यक्ष देख सकते हैं तथा .... को हम बिना किसी यन्त्र के ही स्वयं बना सकते हैं। सॉफ्टवेयर निर्माण में मूलत: .... संख्याओं का उपयोग किया जाता है।

दशमलवीय संख्या 36 को साधारण बाइनरी पद्यति में .... से प्रतीकित किया जाता है। इस पद्यति का सबसे महत्त्वपूर्ण लाभ यह है कि इसे विद्युत धारा प्रवाह के केवल .... स्तरों से काम में लिया

जा सकता है। इस पद्यति का एक कूट .... है जिसके मूल स्वरूप में .... अंकों का उपयोग करके .... कूट प्रतीक हैं।

कम्प्यूटर का सार्थक उपयोग करने के लिये हमें किसी .... अथवा .... प्रोग्राम का आश्रय लेना होता है। यदि हमें अपने उपयोग के लिये कोई प्रोग्राम बनाना हो तो हमें अपने कम्प्यूटर पर किसी .... प्रोग्राम की आवश्यकता होगी। बैच प्रोग्रामों को बनाने के लिये एम एस डॉस के एक प्रोग्राम .... की आवश्यकता होती है।

कम्प्यूटर की मुख्य स्मृति रैम का उपयोग माइक्रोप्रोसैसर द्वारा अपने .... के रूप में किया जाता है। इस स्मृति पर अंकित सूचनाएँ .... रहती हैं, अतः प्रत्येक सूचना के स्थायी सुरक्षण के लिये उसे .... पर अंकित करना आवश्यक होता है। चकती पर सूचनाएँ नामांकित .... में संगृहित की जाती हैं। संचिकाओं के संग्रह को .... कहा जाता है जो एक .... के रूप में व्यवस्थित होती हैं।

कम्प्यूटर की अनिवार्य अन्तर्गतन युक्ति .... है जबकि मॉनीटर इसकी अनिवार्य .... है। इनके अतिरिक्त कम्प्यूटर के तीसरे अंश को .... कहा जाता है।

2

संकेत कूट - ई.बी.सी.डी.आई.सी.

बाइनरी कूट आस्की में विभिन्न चरितों के कूट दर्शाने के लिये शून्य तथा एक के अंकों की लम्बी श्रंखला को ही लिखना आवश्यक होता है। जैसे यदि हमें अँग्रेज़ी अक्षर ए का आस्की कूट किसी को बताना हो अथवा लिखना हो तो हमें 0100 0000 ही कहना अथवा लिखना होगा। यह एक असुविधाजनक कार्य है। इस असुविधा से बचने के लिये एक अन्य कूट का उपयोग किया जाता है जिसे ई.बी.सी.डी.आई.सी. अर्थात **एक्सटेण्डिड बाइनरी कोडिड डेसिमल इण्टरचेंज कोड** कहते हैं। इस पाठ में इस कूट का इसकी आधार संख्या पद्यति के साथ अध्ययन किया जायेगा।

हैक्साडैसिमल नम्बर सिस्टम अथवा षष्ठदशांकी संख्या पद्यति

जिस प्रकार दशमलवीय संख्या दस अंकों पर तथा बाइनरी संख्या दो अंकों पर आधारित होती है उसी प्रकार हैक्साडैसिमल अथवा षष्ठदशांकी संख्या 16 अंकों पर आधारित होती है। इन संख्या पद्यतियों में इनकी आधार संख्याओं - 10, 2 तथा 16 - को इन पद्यतियों के **मूलांक** अथवा **रैडिक्स** कहा जाता है। हैक्साडैसिमल संख्या के 16 अंक ये है -

0, 1, 2, 3, 4, 5, 6, 7, 8, 9, A, B, C, D, E, F

इस प्रकार इस पद्यति की प्रथम 48 संख्याएँ दशमलवी संख्याओं के सामने उनके बाइनरी कूटों के साथ अगले पृष्ठ पर तालिका में दर्शाई गईं हैं। सुविधा के लिये प्रत्येक दशमलवी तथा षष्ठदशांकी संख्या को दो अंकों में लिखा गया है। प्रत्येक बाइनरी कूट को 8 अंकों में लिखा गया है।

षष्ठदशांकी संख्या का दशमलवीय मान ज्ञात करने के लिये इसके बाँये से प्रारंभ करके अंकों के दशमलवीय मानों में क्रमश:

$16^0, 16^1, 16^2, 16^3, \ldots$

आदि का गुणन करना होता है। उदाहरण के लिये नीचे एक षष्ठदशांकी संख्या के दशमलवीय मान की संगणना दर्शाई गई है -

$$
\begin{aligned}
[23C5]_{16} &= [2x16^3 + 3x16^2 + 12x16^1 + 5x16^0]_{10} \\
&= [2x16x16x16 + 3x16x16 + 12x16 + 5x1]_{10} \\
&= [8192 + 768 + 192 + 5]_{10} \\
&= [9157]_{10}
\end{aligned}
$$

यहाँ यह ध्यान देने की आवश्यकता है कि विभिन्न पद्यतियों की संख्याओं के साथ उनकी पद्यति को भी इंगित करना सुविधाजनक एवं अति उपयोगी होता है। इस के लिये संख्या को एक कोष्ठक में लिखकर उसके आगे संख्या का मूलांक उपलिपित कर दिया जाता है, जैसा कि ऊपर दोनों प्रकार की संख्याओं के साथ किया गया है।

षष्ठदशांकी संख्या सूची :

द०	षष्ठदशांकी कूट	बाइनरी कूट	द०	षष्ठदशांकी कूट	बाइनरी कूट
00	00	0000 0000	24	18	0001 1000
01	01	0000 0001	25	19	0001 1001
02	02	0000 0010	26	1A	0001 1010
03	03	0000 0011	27	1A	0001 1011
04	04	0000 0100	28	1C	0001 1100
05	05	0000 0101	29	1D	0001 1101
06	06	0000 0110	30	1E	0001 1110
07	07	0000 0111	31	1F	0001 1111
08	08	0000 1000	32	20	0010 0000
09	09	0000 1001	33	21	0010 0001
10	0A	0000 1010	34	22	0010 0010
11	0B	0000 1011	35	23	0010 0011
12	0C	0000 1100	36	24	0010 0100
13	0D	0000 1101	37	25	0010 0101
14	0E	0000 1110	38	26	0010 0110
15	0F	0000 1111	39	27	0010 0111
16	10	0001 0000	40	28	0010 1000
17	11	0001 0001	41	29	0010 1001
18	12	0001 0010	42	2A	0010 1010
19	13	0001 0011	43	2B	0010 1011
20	14	0001 0100	44	2C	0010 1100
21	15	0001 0101	45	2D	0010 1101
22	16	0001 0110	46	2E	0010 1110
23	17	0001 0111	47	2F	0010 1111

उपरोक्त तालिका में प्रत्येक संख्या के आठ अंकीय बाइनरी कूट को चार-चार अंकों के दो भागों में बाँट कर अर्थात दो प्रथक निबलों में लिखा गया है। अब प्रत्येक षष्ठदशांकी संख्या के दो अंकों तथा बाइनरी कूट के दो निबलों की तुलना कीजिये। इनके अध्ययन से हम पाते हैं कि प्रत्येक संख्या का बाइनरी कूट षष्ठदशांकी संख्या के प्रत्येक अंक का चार अंकीय बाइनरी कूट से मिलकर बना है। जिसका अर्थ यह हुआ कि हम किसी भी दशमलवीय संख्या का बाइनरी कूट उस संख्या को षष्ठदशांकी पद्यति में लिखकर बड़ी सरलता से ज्ञात कर सकते हैं। यह इस पद्यति का अति महत्त्वपूर्ण लाभ है।

इसका दूसरा अर्थ यह भी हुआ कि षष्ठदशांकी संख्या के समतुल्य बाइनरी कूट सीधे-सीधे संख्या के अंकों को देखकर लिखे जा सकने के कारण किसी भी अक्षरन में बाइनरी कूट के स्थान पर केवल षष्ठदशांकी संख्या के दो अंक लिख कर अर्थ स्पष्ट किया जा सकता है। अक्षरन में बाइनरी अंकों के लिखने की आवश्यकता नहीं रहती। यह इस पद्यति का दूसरा बड़ा लाभ है।

उदाहरण के लिये -

हैक्साडैसिमल संख्या 3A5 लीजिये

इसका दशमलवीय मान $3x16^2 + 10x16^1 + 5x16^0$

$= 3x256 + 10x16 + 5x1$

$= 768 + 160 + 5 = 933$

संख्या 3A5 के अंकों को बाइनरी संख्याओं में लिखने पर -

3A5 = 0011 1010 0101

इस बाइनरी संख्या का दशमलवीय मान $= 0x2^{11} + 0x2^{10} + 1x2^9 + 1x2^8$

$+ 1x2^7 + 0x2^6 + 1x2^5 + 0x2^4$

$+ 0x2^3 + 1x2^2 + 0x2^1 + 1x2^0$

$= 512 + 256 + 128 + 32 + 4 + 1$

$= 933$

जो हैक्साडैसिमल संख्या 3A5 का दशमलवीय मान है। अत: हैक्साडैसिमल पद्यति दशमलवीय तथा बाइनरी संख्या पद्यतियों के मध्य बड़ी महत्त्वपूर्ण सुविधा प्रदान करती है। इसी संख्या पद्यति को आधार बनाकर ई० बी० सी० डी० आई० सी० बनाया गया है।

ई०बी०सी०डी०आई०सी०

यह आस्की के प्रकार का ही एक कूट है जिसका उपयोग आधुनिक कम्प्यूटरों में किया जा रहा है। इसमें बाइनरी कूटों का निर्धारण हैक्साडैसिमल संख्याओं के अंकों को चार बाइनरी अंकों का मान देकर किया जाता है। इस प्रणाली में कुछ महत्त्वपूर्ण चरित कूटों का क्रम इस प्रकार है -

चरित	बाइनरी रूप	हैक्स.रूप
a	1000 0001	8 1
b	1000 0010	8 2
c	1000 0011	8 3
d	1000 0100	8 4
e	1000 0101	8 5
f	1000 0110	8 6
g	1000 0111	8 7
h	1000 1000	8 8
i	1000 1001	8 9
j	1001 0001	9 1
k	1001 0010	9 2
l	1001 0011	9 3
m	1001 0100	9 4
n	1001 0101	9 5
o	1001 0110	9 6
p	1001 0111	9 7
q	1001 1000	9 8
r	1001 1001	9 9
s	1010 0010	A 2
t	1010 0011	A 3
u	1010 0100	A 4
v	1010 0101	A 5
w	1010 0110	A 6
x	1010 0111	A 7
y	1010 1000	A 8
z	1010 1001	A 9
A	1100 0001	C 1
B	1100 0010	C 2
C	1100 0011	C 3
D	1100 0100	C 4
E	1100 0101	C 5

चरित	बाइनरी रूप	हैक्स.रूप
F	1100 0110	C 6
G	1100 0111	C 7
H	1100 1000	C 8
I	1100 1001	C 9
J	1101 0001	D 1
K	1101 0010	D 2
L	1101 0011	D 3
M	1101 0100	D 4
N	1101 0101	D 5
O	1101 0110	D 6
P	1101 0111	D 7
Q	1101 1000	D 8
R	1101 1001	D 9
S	1110 0010	E 2
T	1110 0011	E 3
U	1110 0100	E 4
V	1110 0101	E 5
W	1110 0110	E 6
X	1110 0111	E 7
Y	1110 1000	E 8
Z	1110 1001	E 9
0	1111 0000	F 0
1	1111 0001	F 1
2	1111 0010	F 2
3	1111 0011	F 3
4	1111 0100	F 4
5	1111 0101	F 5
6	1111 0110	F 6
7	1111 0111	F 7
8	1111 1000	F 8
9	1111 1001	F 9

पिछली कक्षा में अध्ययन किये गये आस्की की तुलना में इस कूट की प्रमुख विशेषताएँ इस प्रकार हैं -

1. इसे दो अंको के षष्ठदशांकी स्वरूप में लिखा जा सकता है।

2. कूट के षष्ठदशांकी स्वरूप से बाइनरी स्वरूप बड़ी सरलता से प्राप्त हो जाता है। बस षष्ठदशांकी स्वरूप के प्रत्येक अंक के स्थान पर उसके समकक्ष चार अंकों का बाइनरी कूट रखना होता है।

3. आस्की में पहले सांख्यिक अंक, उसके बाद अँग्रेजी के बड़े अक्षर, तथा उसके बाद छोटे अक्षर नियोजित हैं जब कि ई०बी०सी०डी०आई०सी० में इन तीन वर्गों के क्रम प्रतिलोमित हैं। डेटा संस्कारण में इसका प्रभाव पड़ता है।

4. आस्की में दोनों प्रकार के अक्षरों के क्रम लगातार हैं जबकि इसमें बीच में अन्य चरितों के कूट हैं। इसका प्रभाव भी डेटा संस्कारण में दिखाई पड़ता है।

सप्तांशी अभ्याकृतन कूट - 7 सैग्मेण्ट डिस्प्ले कोड

आपने वैद्युत्यिक मशीनों के पटल, अंकीय घड़ियों के डायल, कैलकुलेटर पटल, आदि पर चमकते हुए एवं क्षण-क्षण बदलते अंक अवश्य देखे होंगे। ये भी कम्प्यूटरों मे उपयुक्त बाइनरी अंकीय विद्या का ही कमाल हैं। इसमें एक पारदर्शी पटल के अन्दर सात नलिकाएँ 8 के अंक की सात भुजाओं के रूप में विन्यासित रहती हैं, जैसा कि चित्र में दिखाया गया है। प्रत्येक नलिका में एक विशेष द्रव भरा होता है, तथा इसके सिरों पर विद्युताग्र लगे होते हैं। सामान्य अवस्था में इस द्रव के कणक अव्यवस्थित रहते हैं तथा द्रव में कोई चमक नहीं होती। विद्युताग्रों को विभव प्रदान करने से द्रव कणक लम्बवत् व्यवस्थित हो जाते हैं जिससे द्रव में चमक उत्पन्न हो जाती है। अत: विन्यास की जिन जिन नलिकाओं को वैद्युत विभव प्रदान किया जाता है, वे ही चमक उठती हैं। इनके संयुक्त प्रभाव से हमें विभिन्न अंक बनते बिगड़ते दिखाई पड़ते हैं।

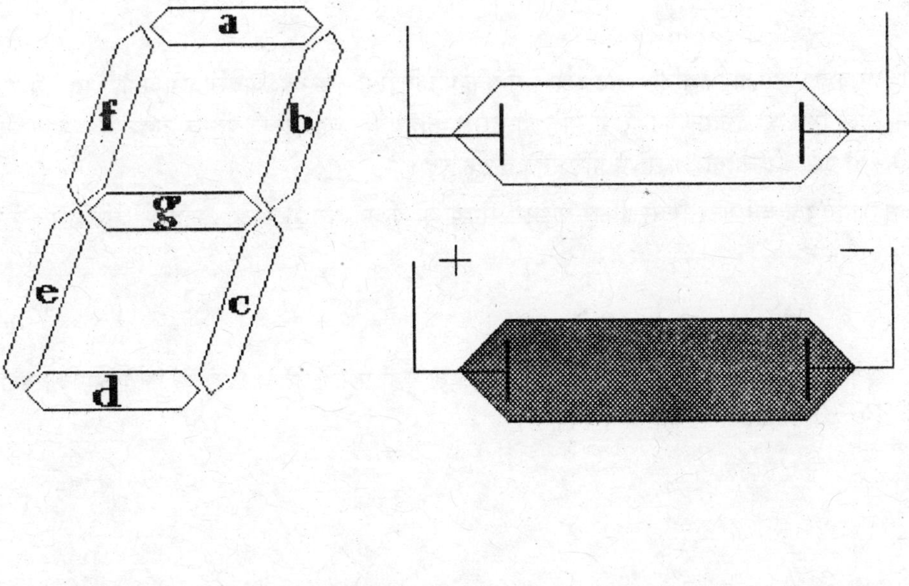

	अंशु विभव						
अंक	a	b	c	d	e	f	g
0	1	1	1	1	1	1	0
1	0	1	1	0	0	0	0
2	1	1	0	1	1	0	1
3	1	1	1	1	0	0	1
4	0	1	1	0	0	1	1
5	1	0	1	1	0	1	1
6	1	0	1	1	1	1	1
7	1	1	1	0	0	0	0
8	1	1	1	1	1	1	1
9	1	1	1	1	0	1	1

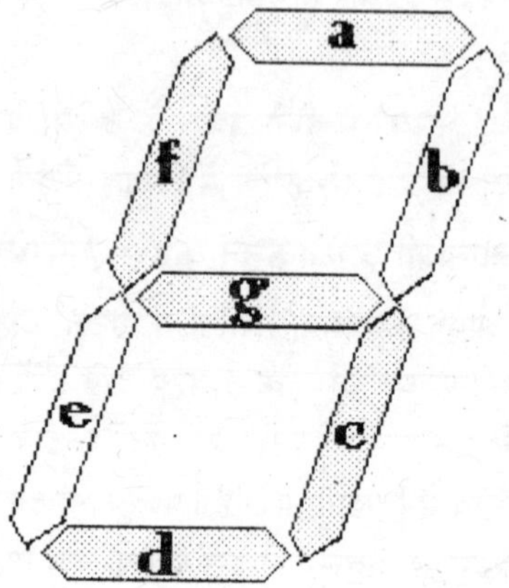

इस व्यवस्था की प्रत्येक नलिका को एक मानक नाम दिया गया है जो ए, बी, सी, डी, ई, एफ तथा जी हैं जैसा कि चित्र में अंकित है। नीचे की तालिका में शून्य से नौ तक के रोमन अंकों के कूट बनाये गये हैं। इनमें 0 तथा 1 अंकों का ही उपयोग किया गया है। अंक 1 नलिका पर वैद्युत विभव की उपस्थिति, तथा अंक 0 अनुपस्थिति इंगित करते हैं। इनमें से अंक 5 के कूट का उपयोग करने से बनने वाले चित्र को भी तालिका में दिखाया गया है।

अभ्यास :

अपने एक मित्र को अँग्रेजी के केवल छोटे अक्षरों में एक पत्र लिखिये। इसे ई०बी०सी०डी०आई०सी० में परिवर्तित कीजिये तथा अपने मित्र को दे दीजिये। इसके साथ ही उससे कहिये कि वह इसकी प्रत्येक बाइट में एक बाइट 0100 0000 जोड़कर ही इसे अँग्रेज़ी के अक्षरों मे परिवर्तित करके पढ़े।

आप जान जाएंगे कि कम्प्यूटर किस प्रकार बाइनरी संख्याओं के माध्यम से पाठ्य आदि का संस्कारित करता है।

प्रश्नावली :

उपरोक्त अभ्यास में यदि आप आस्की का उपादयन करते तो वही प्रभाव उत्पन्न करने के लिये आपको क्या करना होगा। अपने उत्तर की उदाहरणों से पुष्टि कीजिये।

3

सी.पी.यू पेटिका

कम्प्यूटर कार्य प्रणाली के मुख्य भाग इस पेटिका में सुसज्जित रहते हैं जिनमें से प्रमुख ये हैं :-

1. विद्युत प्रदाय इकाई – पावर सप्लाई यूनिट,
2. मातृपटल – मदरबोर्ड
3. फ्लॉपी चकती संचाली – फ्लॉपी डिस्क ड्राइव,
4. स्थायी चकती संचाली – हार्ड डिस्क ड्राइव
5. अनुकूलक पत्रक – एडेप्टर कार्ड,
6. तोरण अथवा पोर्ट

विद्युत प्रदाय इकाई

कम्प्यूटर वैद्युत शक्ति से परिचालित होता है। सी. पी.यू पेटिका के अन्दर के सभी भागों को ऊर्जा प्रदान करने के लिये 12 वोल्ट पर विद्युत शक्ति की आवश्यकता होती हे। इसके अतिरिक्त कम्प्यूटर के सूक्ष्म वैद्युत्यिक

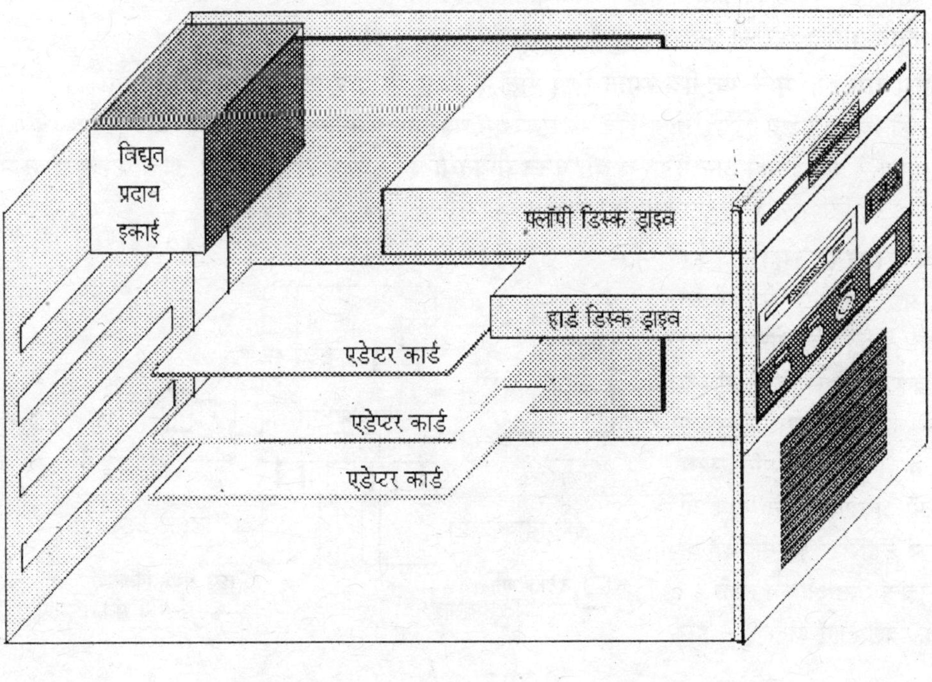

अवयव,जो प्रमुखत: मातृपटल पर अवस्थित होते हैं, 3 से 5 वोल्ट पर परिचालित होते हैं। इनमें संकेत प्रवाह भी इसी विभवान्तर पर होता है। कम्प्यूटर की विद्युत प्रदाय इकाई विभिन्न भागों को उनके वांछित विभवान्तरों पर ऊर्जा प्रदान करती है। अत: इस इकाई से एक-एक सम्बन्धन अन्य प्रत्येक भाग को जाता है।

मातृपटल

कम्प्यूटर का मुख्य अवयव **सूक्ष्मसंस्कारक** अथवा **माइक्रोप्रोफेसर** मातृपटल पर अपने अन्य सहयोगी अवयवों के साथ लगा होता है। कम्प्यूटर का संपूर्ण संचालन यही सूक्ष्मसंस्कारक करता है। इस प्रकार मातृपटल पर मुख्य अवयव ये होते हैं -

क. सूक्ष्मसंस्कारक अथवा माइक्रोप्रोफेसर

ख. बाओस रोम,

ग. पठन-लेखन स्मृति अथवा रैम,

घ. विस्तार खंच अथवा एक्सपैशन स्लॉट, तथा

च. बस अथवा संयुज्जी

कम्प्यूटर का माइक्रोप्रोफेसर सूक्ष्म वैद्युत्यिकी का एक चमत्कारिक उत्पाद है जिसमें कई हजार वैद्युत्यिक अवयव जैसे ट्रान्जिस्टर, डायोड, कैपेसिटर, आदि एक महीन सिलिकॉन की परत पर आकृत होते हैं जो एक संगठित दल की तरह मिलजुल कर कार्य करते हैं। इसमें एक जोड़ घटाने करने वाला कैलकुलेटर होता है जिसे **अरिथमैटिक लॉजिक यूनिट - ए. एल. यू.** कहते हैं। माइक्रोप्रोफेसर की संयमन इकाई इससे काम लेती है। कम्प्यूटर के प्रत्येक अंग में दो प्रकार के संकेतों का प्रवाह होता है - **डेटा संकेत** तथा **संयमन संकेत।** दोनों की बिटें एक जैसी ही होती हैं। कम्प्यूटर में प्रवाहित होने वाली प्रत्येक बिट की प्रत्येक गति माइक्रोप्रोफेसर में से होकर होती है, जैसा कि चित्र में दिखाया गया है। अत्याधुनिक माइक्रोप्रोफेसर **पेण्टियम पी-3** एक सैकण्ड में लगभग चालीस करोड़ अर्थात चार सौ मिलियन बिटों को संस्कारित करने की क्षमता रखता है।

बाओस रोम एक **मातृ-पठनीय स्मृति** चिप होती है जिस पर कम्प्यूटर **प्रवर्तन प्रोग्राम** अंकित होता है। कम्प्यूटर की विद्युत प्रदाय इकाई चालू होते ही सर्वप्रथम यह प्रोग्राम सक्रिय होता है जो कम्प्यूटर अवयवों का परीक्षण करता है तथा इसकी **अन्तर्गतन** व **बहिर्गतन युक्तियों** को सुव्यवस्थित करता है ताकि कम्प्यूटर के सभी अवयव एक संगठित दल की तरह कार्य कर सकें।

पठन-लेखन स्मृति को माइक्रोप्रोसेसर का कर्म क्षेत्र समझा जा सकता है। माइक्रोप्रोसेसर की प्रत्येक क्रिया इसी स्मृति से सूचना प्राप्त करती है अथवा इस पर सूचना अंकित करती है। यह स्मृति **सूक्ष्म वैद्युत्यिकी** अवयवों से निर्मित होती है जिस पर कैपेसिटरों पर आवेशों के रूप में सूचना बिट अंकित होती हैं। इसकी दो विशेषताएँ होती हैं - इस

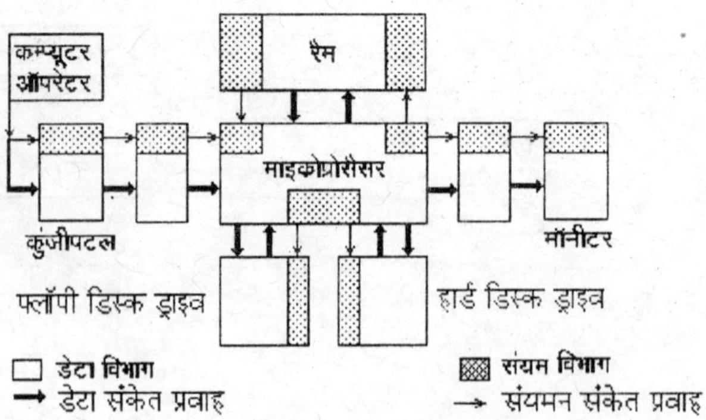

पर सूचना पठन-लेखन बहुत तीव्रता से होता है तथा इस पर सूचना बिटें तभी तक सुरक्षित रहती हैं जब तक कि इसे विद्युत प्राप्त होती रहती है अर्थात् जब तक कि कम्प्यूटर चालू रहता है। इस कारण से इसे **वाष्पेय स्मृति** अथवा **वोलेटाइल मेमोरी** भी कहा जाता है। अत: यह स्मृति सूचनाओं का अस्थायी संगृह माध्यम है। सूचनाओं का स्थायी संगृह चकतियों पर होता है।

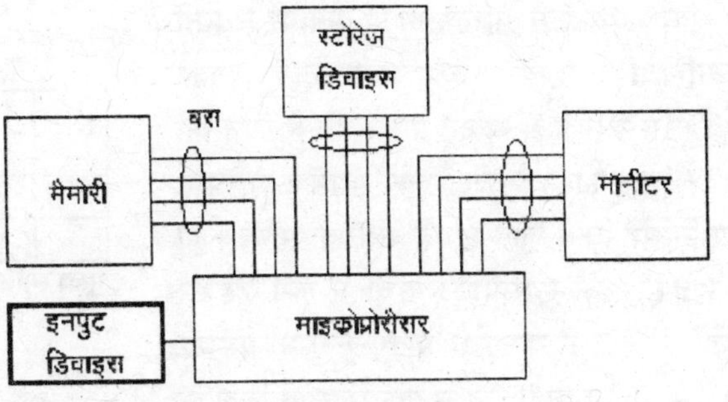

सूचना बिटों को मदरबोर्ड के एक अवयव से दूसरे अवयव तक जाने के मार्ग के लिये मदरबोर्ड पर ताँबे की परत की रेखाएँ छपी होती हैं जिन से विभिन्न अवयव संबन्धित होते हैं तथा सूचना बिटों का आदान प्रदान करते हैं। इन विद्युत धारापथों को **बस** अथवा **संयुज्जी** कहते हैं। इसके उपयोग पर आधारित दो भेद होते हैं - डेटा बिटों के प्रवाह के लिये **डेटा बस** तथा संयमन संकेत बिटों के प्रवाह के लिये **संयमन बस**।

इन्ही धारापथों पर कुछ विशेष संबन्धक लगे होते हैं जिन्हें मदरबोर्ड के **विस्तार खंच** कहते हैं। ये मदरबोर्ड से बाहर के अवयवों को संकेत प्रदान करते हैं।

एडेप्टर कार्ड

सूचना संकेतों को विभिन्न युक्तियों के अनुकूल बनाने के बाद ही उन्हें प्रदान किया जाता है क्योंकि प्रत्येक युक्ति का सूचना स्वरूप उसकी प्रकृति पर निर्भर करता है। सूचना संकेतों को युक्तियों के अनुकूल बनाने का कार्य कुछ विशेष कार्ड करते हैं जिन्हें अनुकूलक पत्रक कहा जाता है। ये मदरबोर्ड पर विस्तार खंचों में खिसका कर लगाये जाते है जहाँ से ये सूचना संकेतों का आदान प्रदान करते हैं।

सी.पी.यू पेटिका के पिछले पटल पर अनेक सम्बन्धक लगे होते हैं जिन्हें **पोर्ट सम्बन्धक** कहते हैं। बाह्य युक्तियों के सम्बन्धन इन्हीं के माध्यम से होते हैं। तोरणों के सम्बन्ध अनुकूलक कार्डों से होते हैं। इस प्रकार माइक्रोप्रोसेसर से बाह्य युक्तियों के लिये संकेत प्रवाह पथ में मदरबोर्ड पर छपी बस, विस्तार खंच, एडेप्टर कार्ड तथा पोर्ट होते हैं जैसा कि चित्र में दिखाया गया है।

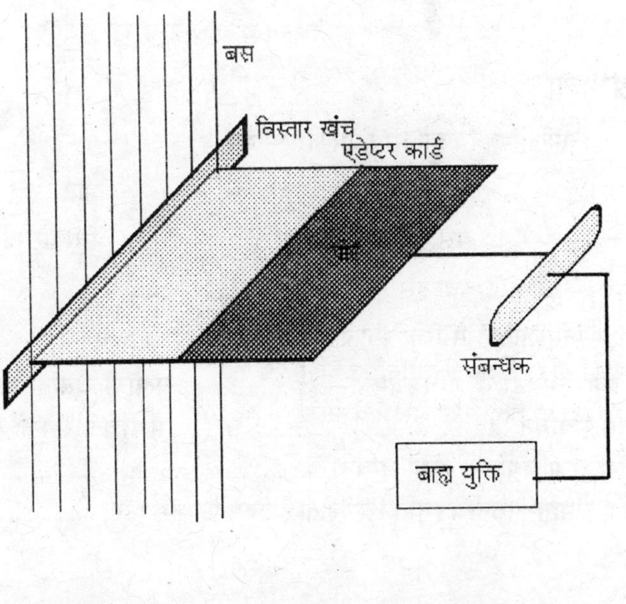

चकती संचाली

एक कम्प्यूटर में अधिकतम दो **फ्लॉपी चकती संचालियों** का उपयोग किया जा सकता है। इनको भी विशेष स्वरूप में संकेत प्रदान किये जाने की आवश्यकता होती है जो इनके संयमक परिपथों द्वारा निर्मित किये जाते हैं। ये संयमक परिपथ या तो मातृपटल के एक्सपैंशन खंचों में लगे एडेप्टर कार्डो पर होते हैं या सीधे मातृपटल पर। एडेप्टर कार्ड से अथवा मातृपटल से एक रिबन केबिल के माध्यम से कम्प्यूटर की फ्लॉपी चकती संचाली सम्बन्धित होती हैं। रिबन केबिल में सूचना संकेतों का प्रवाह होता है। विद्युत ऊर्जा के लिये फ्लॉपी संचालियों का सीधा सम्बन्ध विद्युत प्रदाय इकाई से होता है।

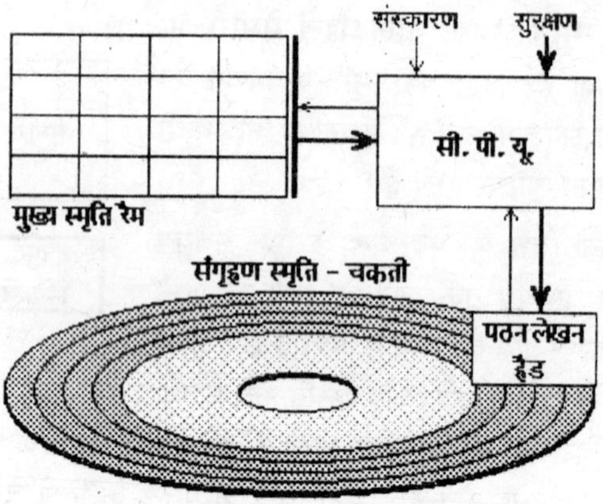

डेटा संस्कारण एवं सुरक्षण

स्थायी चकती संचाली की व्यवस्था भी फ्लॉपी चकती संचालियों जैसी ही होती है। इसको भी एक रिबन केबिल द्वारा सूचना संकेत तथा शक्ति केबिल द्वारा विद्युत ऊर्जा प्रदान की जाती है।

अभ्यास :

अपने शिक्षक की देख रेख में विद्यालय के कम्प्यूटर की सी.पी.यू. पेटिका का बाह्य आवरण हटाकर उसके अन्दर के भागों को देखकर उनकी पहचान कीजिये तथा एक चित्र द्वारा उनको दिखाइये।

प्रश्नमाला :

1. निम्नलिखित विषयों पर टिप्पणी लिखिये –

माइक्रोप्रोसैसर, पोर्ट, एडेप्टर कार्ड,
बस, विस्तार खंच

2. निम्नलिखित में रिक्त स्थानों को भरिये –

एक कम्प्यूटर में अधिकतम .... **फ्लॉपी चकती संचालियों** का उपयोग किया जा सकता है जिनसे संबंधित .... में सूचना संकेतों का प्रवाह होता है। विद्युत ऊर्जा के लिये फ्लॉपी संचालियों का सीधा सम्बन्ध .... इकाई से होता है। **बाओस रोम** एक **मातृ-पठनीय स्मृति** चिप होती है जिस पर कम्प्यूटर ....

अंकित होता है। कम्प्यूटर की विद्युत प्रदाय इकाई चालू होते ही सर्वप्रथम .... सक्रिय होता है जो कम्प्यूटर अवयवों का .... करता है तथा इसकी **अन्तर्गतन** व **बहिर्गतन युक्तियों** को सुव्यवस्थित करता है ताकि कम्प्यूटर के सभी अवयव एक संगठित दल की तरह कार्य कर सकें।

पठन-लेखन स्मृति को .... का कर्म क्षेत्र समझा जा सकता है जो कम्प्यूटर का मुख्य अवयव है। यह ....पर अपने अन्य सहयोगी अवयवों के साथ लगा होता है।

4

स्मृति प्रबन्धन

यद्यपि कम्प्यूटर के परिचारण में मैमोरी के उपयोग के बारे में जानना आवश्यक नहीं होता है किन्तु इस विषय पर एक विहंगम दृष्टिपात कम्प्यूटर की कार्य प्रणाली को समझने में सहायक होगा। रैम कम्प्यूटर माइक्रोप्रोसैसर का एकमात्र कर्मक्षेत्र है। अर्थात, प्रत्येक प्रोग्राम तथा सूचना सबसे पहले **प्रवेश संक्रिया** में, उसके बाद प्रत्येक **संस्कारण सोपान** में, तथा अन्त में प्रत्येक **बहिर्गतन संक्रिया** में इस क्षेत्र में अंकित होनी आवश्यक होती है। माइक्रोप्रोसैसर द्वारा सूचना आदान प्रदान में रैम की सहभागिता अनिवार्य होती है। अत: कम्प्यूटर तन्त्र में माइक्रोप्रोसैसर के बाद रैम की उपयोगिता तथा महत्त्व सर्वाधिक होता है।

पर्सनल कम्प्यूटरों की रैम तीन स्वरूपों में प्रयुक्त की जाती है–

सम्मत्य स्मृति अथवा कन्वैंशनल मेमोरी,

व्यालम्बित स्मृति अथवा एक्सटेण्डिड मेमोरी,

विस्तारित स्मृति अथवा एक्सपेण्डिड मेमोरी

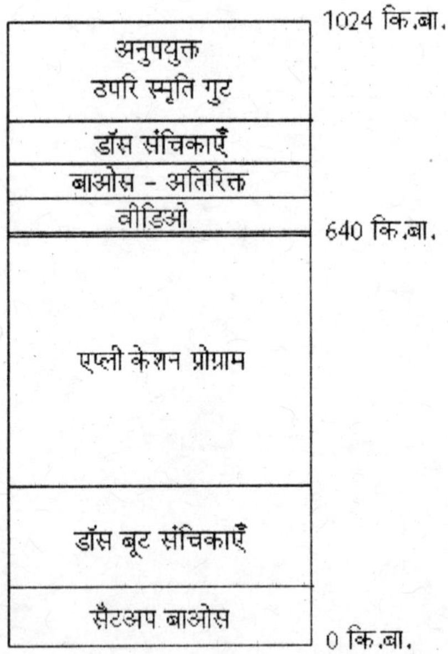

सम्मत्य स्मृति अथवा कन्वैंशनल मेमोरी

डॉस परिचारण प्रणाली में मूलत: केवल 1 मैगाबाइट अथवा 1024 किलोबाइट स्मृति के उपयोग का प्रावधान है। इसलिये कम्प्यूटर स्मृति के प्रथम 1024 कि.बा. तक के भाग को सम्मत्य स्मृति कहा जाता है। यह मैमोरी का सर्वोच्च प्राथमिकता वाला उपयोग है। इसे दो भागों मे विभाजित रहता है – प्रथम भाग 640 कि.बा. का तथा द्वितीय भाग शेष 384 कि.बा, का। प्रथम भाग में बाओस प्रोग्राम के अनिवार्य भाग, तन्त्रीय सूचनाएँ, तथा डॉस की बूट संचिकाओं द्वारा उपयोग के बाद शेष भाग में एप्लीकेशन अर्थात उपादयन प्रोग्राम अंकित होता है। 384 कि.बा. के दूसरे भाग को सामान्यत: मॉनीटर संयमन प्रोग्राम, बाओस के अतिरिक्त भाग, तथा अन्य युक्तियों के प्रोग्राम – जैसे डिस्क कंट्रोलर आदि के लिये आरक्षित रखा जाता है। इस व्यवस्था में प्रथम भाग सदैव उपयोगित तो रहता ही है, साथ ही उपादयन प्रोग्राम के बड़े होने पर इसे इसमें पूरी तरह समा पाना संभव नहीं होता है। इस भाग के और अधिक बड़ा होने की आवश्यकता का आभास होता रहता है।

सामान्यत: दूसरे भाग का कुछ अंश अनुपयुक्त रहता है। इस अनुपयुक्त भाग को **उपरि स्मृति गुट** अथवा **अपर मैमोरी ब्लॉक - यू.एम.बी.** कहा जाता है। स्मृति के इस सम्मत्य विभाजन को चित्र में दिखाया गया है। कुछ विशेष सॉफ्टवेयरों, जैसे **ईएमएम386. ईएक्सई**, के माध्यम से उपरि स्मृति गुटों वाले भाग को भी उपयोग में लिया जा सकता है जिससे एप्लीकेशन प्रोग्राम के लिये मूल सम्मत्य स्मृति में और अधिक स्थान उपलब्ध हो जाता है।

एक्सटेंडेड कम्प्यूटर, जिनमें 8086 तथा 8080 माइक्रोप्रोसेसर प्रयुक्त किए जाते हैं, 1 मैगा बाइट से अधिक मैमोरी का उपयोग करने में असक्षम होते हैं। अत: उनके मदरबोर्ड पर अधिकतम 1 मैगा बाइट मैमोरी ही स्थापित की जा सकती है।

एक्सपेंण्डिड मैमोरी - विस्तारित स्मृति

कम्प्यूटर द्वारा 1 मै.बा. से अधिक की स्मृति के उपयोग के लिये किसी भी प्रकार के कम्प्यूटर में अतिरिक्त स्मृति चिप लगाकर प्रोग्राम में इसके उपयोग का प्रावधान किया जा सकता है। इसके लिये मानक विनिदेश **लिम-ई एम एस 4.0** का अनुपालन किया जा सकता है। इसके अनुसार एक्सपेंडेड मैमोरी 64 किलो बाइट के अंशों में बाँटकर उपयोग की जाती है। इस प्रकार के प्रत्येक अंश को एक **पेजफ्रेम** कहते हैं। एक्सपेंडेड मैमोरी व्यवस्था में इस प्रकार का एक बार में एक नया पेजफ्रेम आवश्यकतानुसार कन्वेंशनल मैमोरी में जोड़ा जाता है तथा उससे एक पुराने पेजफ्रेम को, जिस पर प्रोग्राम का अक्रिय भाग होता है, निकाल लिया जाता है। इससे कन्वेंशनल मैमोरी की आभासी क्षमता 640 किलो बाइट की सीमा में ही बनी रहती है, किन्तु वास्तविक उपयोगी क्षमता सीमा से आगे बढ़ाई जाती है। यह संक्रिया ठीक उसी तरह है जैसे डिस्क संचालो में डिस्क की अदला बदली करके संगृहण क्षमता कितनी भी बढ़ाई जा सकती है। अत: प्रत्येक समय प्रोग्राम के सक्रिय भाग कन्वेशनल मैमोरी मे निश्चित परिमाण ही होता है, किन्तु प्रोग्राम के 64 किलो बाइट में पेजफ्रेम की अक्रियता तथा सक्रियता उपयोगिता के अनुसार परिवर्तित होती रहती है।

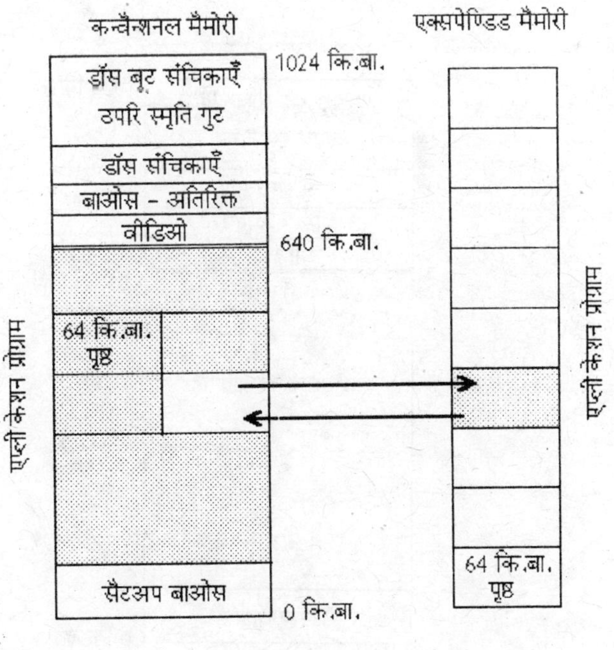

एक्सपेंडेड मैमोरी के सभी प्रकार के कम्प्यूटरों में उपादेयता के कारण एक्स टी मशीनों के काल में इसका प्रचलन था। किन्तु अब एडवान्स्ड मशीनों के लिये इसे उपयोगी नहीं माना जाता क्योंकि एक अन्य स्मृति व्यवस्था एक्सटेण्डिड मैमोरी इससे अधिक तीव्रता से कार्य करती है। किन्तु उस व्यवस्था में भी इसकी तकनीक का उपयोग किया जाता है।

एक्सटेण्डिड मैमोरी - व्यालम्बित स्मृति

80286 तथा उच्चतर, एडवांस्ड कम्प्यूटर 1 मै.बा. तक की स्मृति को सम्मत्य स्मृति की तरह तथा इससे अधिक को एक्सटेंडेड मैमोरी के रूप में उपयोग करते हैं। इनमें 1 मैगा बाइट तक की मैमोरी पिछले चित्र की भाँति ही उपयुक्त होती है तथा शेष एक्सटेंडेड मैमोरी के रूप में उपयोग की जा सकती है। यह कार्य कुछ विशेष प्रोग्राम, जैसे **ईएमएम386. ईएक्सई, हाइमेम.सिस,** आदि सम्पन्न कराते हैं जिन्हें **एक्सटेण्डिड मैमोरी मैनेजर** कहा जाता है।

एक्सटेण्डिड मैमोरी के प्रथम 64 कि.बा. भाग को **उच्च स्मृति क्षेत्र** अथवा **हाई मैमोरी एरिया - एच.एम.ए.** कहा जाता है। विशेष प्रोग्रामों, जैसे **हाइमेम.सिस** की सहायता से इस क्षेत्र का उपयोग सम्मत्य स्मृति के रूप में किया जा सकता है जिससे एप्लीकेशन प्रोग्राम के लिये मूल सम्मत्य स्मृति में और अधिक स्थान उपलब्ध हो जाता है।

एडवांस्ड मशीनों में एक्सटेंडेड मैमोरी को ही एक्सपेंडेड मैमोरी के रूप में उपयोग किया जाता है, जबकि एक्सटेंडेड टेक्नोलॉजी मशीनों में एक्सटेंडेड मैमोरी के लिए अलग से मैमोरी कार्ड लगाने की आवश्यकता होती है। आधुनिक मशीनों में एक्सटेंडेड मैमोरी के रूप में स्मृति उपयोग का प्रचलन है।

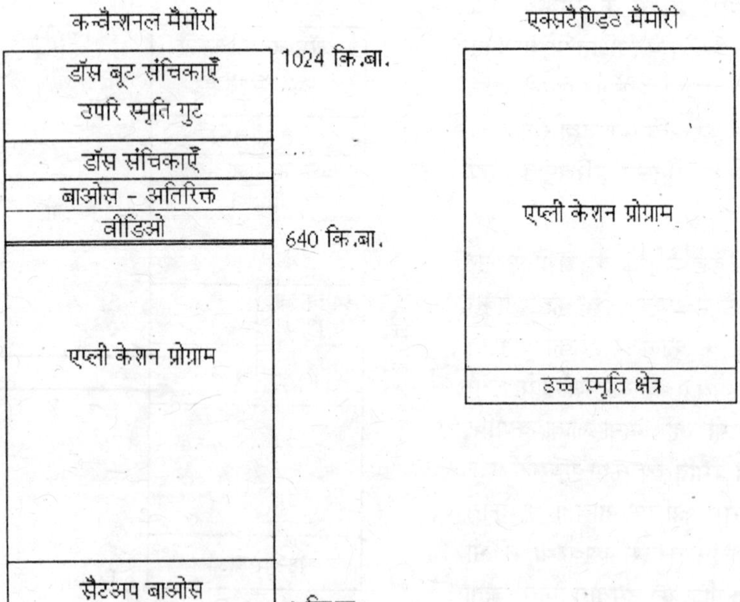

कैश मैमोरी अथवा मध्यमा स्मृति

बहुधा माइक्रोप्रोसेसर तीव्र गति से कार्य करते हैं तथा स्मृति का पठन व लेखन उतनी तीव्र गति से नहीं हो पाता है। इस प्रकार माइक्रोप्रोसेसर की तीव्र गति का लाभ नहीं उठाया जा सकता क्योंकि कम्प्यूटर की प्रत्येक क्रिया में स्मृति का पठन अथवा लेखन अनिवार्य होता है। इस समस्या के निवारण हेतु माइक्रोप्रोसेसर तथा रैम के मध्यस्थ एक तीव्र गति की स्मृति का उपयोग किया जाता है जो क्षमता में मुख्य स्मृति से छोटी तथा गति सक्षमता में उससे बहुत आगे होती है। इस स्मृति को कैश स्मृति कहा जाता है।

80286 तथा 80386 तक के माइक्रोप्रोसेसरों की गति तथा रैम की गति में कोई विषमता नहीं है, अत: सांमजस्य के लिए प्रयास की आवश्यकता नहीं होती है। किन्तु 80386 तथा बाद के माइक्रोप्रोसेसरों की गति तीव्र होने के कारण रैम की गति उनकी तुलना में धीमी रह जाती है। अत: सांमजस्य के लिए अतिरिक्त प्रयास की आवश्यकता होती है। कैश मैमोरी इसी अतिरिक्त प्रयास का कार्य करती है।

ये दो स्मृतियाँ उसी प्रकार कार्य करती है जैसे महिलाओं के छोटे तथा बडे पर्स । महिलाएँ अपना मुख्य धन बडे पर्स में रखती है तथा कुछ काम चलाऊ धन छोटे पर्स में। जब व्यय करते रहने से छोटा पर्स खाली हो जाता है तो वे बड़े पर्स से कुछ धन छोटे पर्स मे रख लेती हैं। महिलाएँ तो ऐसा प्राय: दो कारणों से करती है - बच्चों की मांगो से बचने के लिए तथा पति को अपना धनाभाव दर्शाने के लिए। किन्तु कम्प्यूटर इस व्यवस्था को कार्य गति बढाने हेतु करते हैं।

चित्र में इस व्यवस्था से पठन तथा लेखन क्रिया को दर्शाया गया है। कैश मैमोरी से एक एक डेटा आइटम प्राप्त करता है। तथा इसे संस्कारित करता है। इस संस्कारण के समय कैश मैमोरी रैम से और डेटा प्राप्त कर लेती है। चूंकि इसकी पठन गति तीव्र होती है यह माइक्रोप्रोसेसर की गति के अनुसार उसे डेटा प्रदान करने में सक्षम होती है। इस कार्य के अतिरिक्त इसे जो भी समय मिलता है उसमें रैम से डेटा प्राप्त करती रहती है। इस प्रकार धीमी गति से कार्य करने वाली रैम का प्रभाव माइक्रोप्रोसेसर की गति पर नहीं पड़ता है एवं उसे अपनी आवश्यकतानुसार डेटा उपलब्ध रहता है।

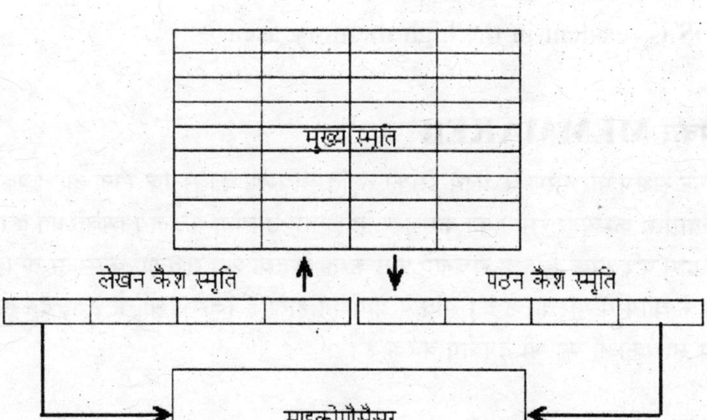

उपरोक्त में जो संक्रिया रैम पठन के लिये वर्णित है, ठीक इसके विपरित क्रिया रैम पर लेखन में होती है। प्राय: रैम लेखन उसकी पठन क्रिया से अधिक धीमा हेाता है इसलिये अनेक कम्प्यूटर तन्त्र कैश मैमोरी का उपयोग रैम पर लेखन के लिये ही करते हैं। ऐसी अवस्था में कैश मैमोरी को राइट बैक कैश मैमोरी कहा जाता है। यह मैमोरी चिप सामान्यत: 64 केबी तथा 128 केबी की होती है।

डॉस स्मृति सुविधाएँ

1. मैम MEM

कम्प्यूटर की स्मृति इसका एक अति महत्वपूर्ण अंग होती है। एम.एस.डॉस का मैम प्रोग्राम कम्प्यूटर स्मृति की सूचना प्रदान करता है। उद्योत चिन्ह पर MEM अधिदेश प्रविष्टि से मॉनीटर परदे पर कम्प्यूटर स्मृति की सूचना उपलब्ध हो जाती है जिसका स्वरूप निम्नांकित प्रकार का होता है –

Memory Type	Total	Used	Free
Conventional	640K	31K	609K
Upper	91K	91K	0K
Reserved	384K	384K	0K
Extended(XMS)	15,269K	145K	15,124K
	--------------------	-----------	-------- ------------
Total memory	16,384K	651K	15,733K
Total under 1MB	731K	122K	609K

Largest executable program size 609K (623,104 bytes)
Largest free upper memory block 0K (0 bytes)

MSDOS is resident in the high memory area

2. मैममेकर MEMMAKER

कम्प्यूटर के सक्षम परिचारण के लिये इसकी स्मृति व्यवस्था का सटीक हेाना आवश्यक होता है। एम.एस.डॉस का मैममेकर प्रोग्राम कम्प्यूटर स्मृति को कम्प्यूटर के इष्टतम उपयोग के लिये व्यवस्थित करता है। इस अधिदेश को देने से यह प्रोग्राम परिचारक से कुछ सूचनाएँ प्राप्त करता है तथा शेष सूचनाएँ कम्प्यूटर तन्त्र से प्राप्त कर अपना कार्य करता है। इसके कार्य में परिचारक का सक्रिय योगदान होता है जिसे प्रश्नों के उत्तर देने होते हैं। यह प्रोग्राम डॉस की कई अन्य संचिकाओं का भी उपयोग करता है।

अभ्यास :

डॉस के मेम प्रोग्राम का उपयोग करके अपने कम्प्यूटर के स्मृति उपयोग के बारे में जानकारी प्राप्त कीजिये। साथ ही एम एस डी प्रोग्राम का उपयोग करके कम्प्यूटर के मेमोरी मानचित्र को प्राप्त करके स्वयं उसका चित्र बनाइये।

प्रश्नावली :

1. निम्नलिखित विषयों पर टिप्पणी लिखिये –

सम्मत्य स्मृति, कैश स्मृति, मात्र-पठन स्मृति,

2. निम्नलिखित में रिक्त स्थानों को भरिये –

पठन-लेखन स्मृति को कम्प्यूटर की .... कहा जाता है। इसे .... का कर्म क्षेत्र समझा जा सकता है। माइक्रोप्रोसेसर की .... क्रिया इसी स्मृति से सूचना प्राप्त करती है अथवा इस पर सूचना अंकित करती है। यह स्मृति **सूक्ष्म वैद्युत्यिकी** अवयवों से निर्मित होती है जिस पर कैपेसिटरों पर .... के रूप में सूचना बिट अंकित होती हैं। इसकी दो विशेषताएँ होती हैं – इस पर सूचना पठन-लेखन बहुत तीव्रता से होता है तथा इस पर सूचना बिटें तभी तक सुरक्षित रहती हैं जब तक कि इसे .... प्राप्त होती रहती है अर्थात् जब तक कि कम्प्यूटर चालू रहता है। इस कारण से इसे .... **स्मृति** अथवा .... **मेमोरी** भी कहा जाता है। अत: यह स्मृति सूचनाओं का .... संगृह माध्यम है।

5

प्रोग्रामिंग-भाषा प्रोग्राम

प्रोग्रामिंग भाषा वर्ग

कम्प्यूटर मूलत: केवल **बाइनरी भाषा** समझते हैं, इसलिये बाइनरी भाषा को **मशीनी भाषा** भी कहते हैं। जब प्रोग्राम मशीनी भाषा में लिखा जाता है तो माइक्रोप्रोसैसर उसे सीधे स्वीकार कर सकता है। किन्तु मशीनी भाषा में प्रोग्राम लिखना बहुत कठिन तथा विशेषज्ञों का कार्य है।

दूसरे प्रकार की भाषा को **एसेम्बली लेंग्वेज** अथवा **संयोजन भाषा** कहते हैं। इसमें प्रोग्राम लिखना कुछ सरल है किन्तु इसके लिये कम्प्यूटर हार्डवेयर की कार्य प्रणाली का ज्ञान होना आवश्यक है। अत: यह भी विशेषज्ञों का ही कार्य है। एसेम्बली भाषा में लिखे गये प्रोग्राम को कम्प्यूटर द्वारा उपयोग किये जाने के लिये इसे मशीनी भाषा में परिवर्तित करना आवश्यक होता है। इस कार्य के लिये भी विशेष भाषा प्रोग्रामों का उपयोग किया जाता है जिन्हें **संयोजक क्रमशय** अथवा **एसेम्बलर प्रोग्राम** कहते हैं।

तीसरे प्रकार की भाषाएँ, जो प्रोग्रामिंग के लिये सुविधाजनक एवं सर्वाधिक प्रचलन में हैं, को **उच्चस्तरीय भाषाएँ** अथवा **हाईलेवल लेंग्वेज** कहा जाता है। इन भाषाओं में बेसिक, सी, फोरट्रान, कोबोल, ऐडा, लिस्प आदि प्रमुख हैं। इन भाषाओं में लिखे गये प्रोग्रामों को मशीनी भाषा में परिवर्तित करने के लिये इन भाषाओं के विशेष प्रोग्रामों का उपयोग किया जाता है। जो **इण्टरप्रैटर** अथवा **कम्पाइलर** वर्गों के हो सकते हैं। इनमें से कम्पाइलर प्रोग्राम अधिक प्रचलित हैं।

इसके अतिरिक्त कुछ विशेष भाषाएँ और भी विकसित हुई हैं जिन्हें **चतुर्थ पीढ़ी की भाषाएँ** अथवा **फोर्थ जेनेरेशन लेंग्वेज – फोर जी. एल.** कहा जाता है। इन भाषाओं के प्रोग्राम अति संक्षिप्त होते हैं।

अत: प्रोग्रामिंग के लिये भाषा प्रोग्राम चुनने से पूर्व को इस भाषा का चुनाव करना होता है जिसमें वह अपने प्रोग्राम लिखना चाहता है, इसी के अनुसार भाषा प्रोग्राम का चुनाव करना होता है। इस अध्ययन में हम केवल उच्च स्तरीय भाषा प्रोग्रामों के बारे में चर्चा करेंगे क्योंकि इन भाषाओं में प्रोग्राम तैयार करना प्रोग्रामर के लिये सरलतम होता है।

भाषा प्रोग्राम

भाषा प्रोग्राम प्रोग्रामर को प्रोग्राम लिखने के लिये सुविधाएँ प्रदान करते हैं तथा तैयार किये गये प्रोग्राम को कम्प्यूटर के उपयुक्त बनाते हैं। अत: प्रत्येक भाषा प्रोग्राम में अनिवार्य रूप से एक पाठ्य संस्कारक अथवा संपादक होता है। इसके अतिरिक्त इनमें तैयार प्रोग्राम के परीक्षण तथा इसे मशीनी भाषा में संपरिवर्त्तत करने के लिये एक

प्रोग्राम होता है। इनके अतिरिक्त कुछ अन्य सुविधाएँ भी इनमें हो सकती हैं। इन्हें नीचे तालिका में दर्शाया गया है :-

अनिवार्य **संपादक - पाठ्य संस्कारक**

अनिवार्य **व्याख्याता** अथवा **इण्टरप्रैटर**, या

संकलक अथवा **कम्पाइलर**

ऐच्छिक डिबगर, लिंकर, लोडर

प्रोग्रामर द्वारा तैयार गये प्रोग्राम में भाषा द्वारा निर्धारित अँग्रेजी के शब्द ही होते हैं, इससे प्रोग्राम लेखन सरल होता है किन्तु कम्प्यूटर इनका सीधे उपयोग नहीं कर सकता। इस प्रोग्राम को **स्रोत प्रोग्राम** कहते हैं। इस **प्रोग्राम** की एक पंक्ति में एक ही अधिदेश होता है। प्रत्येक पंक्ति को एक **कथन** अथवा **स्टेटमेण्ट** कहा जाता है।

कम्प्यूटर द्वारा उपयोग किये जाने के लिये इस प्रोग्राम को **मशीनी भाषा** अर्थात बाइनरी अंकों में परिवर्तित करने की आवश्यकता होती है। इस कार्य को दो प्रकार से किया जा सकता है। एक विधि में प्रोग्राम के एक कथन को चुनकर उसे मशीनी भाषा में संपरिवर्तित करके इसका क्रियान्वित किया जाता है। इसके बाद अगले कथन पर यही संक्रिया अपनाई जाती है। इस प्रकार पूरे प्रोग्राम का उपयोग किया जाता है। इस संक्रिया को प्रोग्राम का **इण्टरप्रेटेशन** अथवा **व्याख्या** कहा जाता है जो **व्याख्याता प्रोगाम** द्वारा संपन्न की जाती है। इस संक्रिया में प्रोग्राम के प्रत्येक क्रियान्वयन हेतु स्रोत प्रोग्राम तथा व्याख्याता प्रोग्राम दोनों की आवश्यकता होती है।

दूसरी विधि, जिसे प्रोग्राम का **कम्पाइलेशन** अथवा **संकलन** कहते हैं, **संकलक प्रोग्राम** द्वारा सम्पन्न की जाती है। इसमें पूरे स्रोत प्रोग्राम को एक साथ ही बाइनरी कूट में संपरिवर्तित कर दिया जाता है। प्रोग्राम के इस नये स्वरूप को **ऑब्जैक्ट प्रोग्राम** अथवा **अभिलक्ष्य प्रोग्राम** कहते हैं। प्रोग्राम के क्रियान्वयन के लिये केवल अभिलक्ष्य प्रोग्राम की आवश्यकता होती है। इससे क्रियान्वयन तीव्र गति से होता है। इस संक्रिया में चकती पर प्रोग्राम व्याख्या की तुलना में अधिक स्थान की आवश्यकता होती है। वर्तमान में सभी प्रचलित भाषा प्रोग्राम इसी विधि को अपना रहे हैं। व्याख्याता प्रोग्राम केवल ऐतिहासिक अवशेष के रूप में प्रचलित हैं।

प्रोग्रामिंग भाषाएँ

वर्तमान में अधिकांश प्रचलित भाषाओं के दो स्वरूप प्रचलित हैं - डॉस आधार के लिये मूल स्वरूप तथा विण्डोज़ के लिये इसका विज़ुअल अर्थात दृष्टीय स्वरूप - जैसे बेसिक तथा विज़ुअल बेसिक, सी तथा विज़ुअल सी आदि। कुछ प्रचलित उच्च स्तरीय भाषाओं को उनके अन्य विवरणों के साथ दिया गया है :-

बेसिक

इस भाषा का यह नाम **बिगनर्स ऑल-परपज़ सिम्बौलिक इन्स्ट्रकशन कोड** का संक्षेप है जिसका अर्थ **नवप्रशुक्षुओं के लिये सर्व-उद्देश्यीय सांकेतिक शिक्षि कूट** है। कम्प्यूटर की प्रथम उच्च स्तरीय भाषाओं मे से यह एक है जो अति सरल है तथा कभी बहुत लोकप्रिय थी। अनेक नई एवं विशिष्ट उद्देश्यों के लिये अधिक सुविधासंपन्न भाषाओं के विकास ने इसके महत्त्व को कम कर दिया है। इस भाषा में प्रोग्राम निर्माण के लिये केवल व्याख्याता प्रोग्राम ही उपलब्ध हैं, अधिक प्रचलन में न होने के कारण किसी व्यावसायिक संगठन ने इसके लिये संकलक प्रोग्राम नहीं बनाया है। प्रोग्रामिंग की

विधाओं में प्रशिक्षण के लिये अब भी इसका उपयोग किया जाता है। आगे के एक पाठ में हम इस भाषा में प्रोग्रामिंग करेंगे। इसका एक स्वरूप **क्यूबेसिक** है जो एम एस डॉस में सम्मिलित है।

फोर्ट्रान

उच्चस्तरीय भाषाओं में प्रथम लोकप्रिय यह भाषा 40 वर्षों से अधिक पुरानी है। यह वैज्ञानिक एवं अभियांत्रिकी संगणनाओं के लिये विशेष उपयोगी भाषा है। अपने लम्बे इतिहास में यह कई बार अप्रचलित हुई है, तथा कई बार विकसित हुई है। **फोर्ट्रान** 77 इसका वर्तमान में बहुप्रचलित स्वरूप है। इसके बाद के स्वरूप **फोर्ट्रान** 90 में इस भाषा का कायाकल्प हुआ है।

सी तथा सी डबल-प्लस

इस भाषा का प्रारंभिक नाम बी था। बाद में इसके विकसित रूप को सन 1972 में सी नाम दिया गया। अब इसका और भी अधिक संवर्धित स्वरूप सी डबल-प्लस है। यह भाषा सर्वांग उपयोगिता वाले प्रोग्रामों के लिये तो उपयुक्त है ही, परिचारण प्रणाली के विकास के लिये विशेष रूप से उपयोगी है। यह एक अति शक्तिशाली भाषा सिद्ध हुई है जिसने कम्प्यूटरी भाषा शास्त्र को नई परिभाषाएँ दी हैं। विश्व में इस भाषा का सर्वाधिक प्रचलन है।

इस भाषा के प्रमुख अंग सी भाषा, सी प्रसंस्कारक अथवा प्रिप्रोसैसर, सी इण्टरफेस कन्वैन्शन, तथा सी लाइब्रेरी हैं। इसमें स्रोत प्रोग्राम का पहले प्रसंस्कारण किया जाता है। उसके बाद उसका संकलन होता है।

पास्कल

फ्रान्स के गणितविद् ब्लेज़ पास्कल, जिन्होंने 1642 में अंकीय संगणक विकसित किया था, के सम्मान में नाम पाने वाली यह भाषा सन् 1968-70 में **निकलॉस विर्थ** द्वारा विकसित की गई थी। 80 के दशक में शैक्षणिक भाषा के रूप में प्रसिद्ध यह भाषा एक मात्र ऐसी भाषा है जिसका संकलक प्रोग्राम इसी भाषा में लिखा गया था। असंभव प्रतीत होने वाला यह कार्य इस भाषा के एक विशेष अंग **पी-कोड इण्टरप्रैटर** के माध्यम से संभव हो सका। सर्वोपयोगी प्रोग्रामों के विकास के लिये उपयुक्त यह भाषा अब सी की तुलना में अप्रचलित होती जा रही है।

ऐडा

प्रारंभिक कम्प्यूटर विकास के एक स्तंभ **ऐडा लवलेस** के सम्मान में नामित यह भाषा अमेरिकी सैन्य उपयोगों के लिये विशेष रूप से विकसित की गई थी। इसका विकास एक प्रतियोगिता के माध्यम से कराया गया था जिसमें 17 प्रस्ताव आये थे एवं चार पर अन्तिम चुनाव के लिये विचार किया गया था। इनमें से फ्रान्स के **जीन इक्बियाह** का अभिकल्प प्रथम माना गया। यह सन् 1979 की बात है किन्तु इस भाषा का उपयोग 1987 से ही प्रारंभ हो सका।

लिस्प

मैसाशूट्स इन्स्टीट्यूट ऑफ टैक्नोलॉजी के **जॉन मैकार्थी** द्वारा सन् 1960 में विकसित यह भाषा कम्प्यूटर विज्ञान एवं अनुसंधान के विषयों, जैसे रोबोटिकी, कृत्रिम बुद्धि, तथा बुद्धियुक्त तन्त्र, आदि के

लिये विशेष उपयोगी है। इसके अनेक विकास हुए हैं तथा अनेक संस्करण प्रचलित हैं। इसकी सबसे बड़ी विशेषता यह है कि यह अधिदेशों को डेटा की तरह तथा डेटा को अधिदेशों की तरह संस्कारित कर सकती है।

प्रश्नमाला :

रिक्त स्थान भरिये -

बेसिक, सी, फोरट्रान, कोबोल, ऐडा, लिस्प आदि प्रमुख .... भाषाएँ हैं। इन भाषाओं में लिखे गये प्रोग्रामों को मशीनी भाषा में परिवर्तित करने के लिये .... अथवा **कम्पाइलर** प्रोग्रामों का उपयोग किया जाता है। इनमें से .... प्रोग्राम अधिक प्रचलित हैं। कम्प्यूटर द्वारा उपयोग किये जाने के लिये .... प्रोग्राम को **मशीनी भाषा** अर्थात बाइनरी अंकों में परिवर्तित करने की आवश्यकता होती है।

प्रोग्राम के एक कथन को चुनकर उसे मशीनी भाषा में संपरिवर्तित करके इसका क्रियान्वित किया जाने की संक्रिया को प्रोग्राम का .... कहा जाता है जो .... **प्रोगाम** द्वारा संपन्न की जाती है।

प्रोग्राम का **कम्पाइलेशन** अथवा **संकलन** .... **प्रोग्राम** द्वारा सम्पन्न की जाती है। इसमें पूरे स्रोत प्रोग्राम को एक साथ ही .... में संपरिवर्तित कर दिया जाता है। प्रोग्राम के इस नये स्वरूप को ....कहते हैं।

6

सूचना तन्त्र विश्लेषण एवं अभिकल्पन

यदि किसी कार्य की क्रिया-उपक्रियाओं में विविधता न्यून हो, अर्थात पुनरावृत्ति अधिक हो, तो इसे कम्प्यूटर मनुष्य की तुलना में अधिक अच्छे ढंग से कर सकता है। यदि संपूर्ण कार्य ही बार-बार किया जाना हो तो कम्प्यूटर से कार्य कराना और भी अधिक लाभप्रद रहता है। कम्प्यूटर से कार्य कराने के लिये उसे विस्तृत एवं क्रमबद्ध निर्देश देने होते हैं। एक सार्थक कर्म के लिये कम्प्यूटर को दिये गये निर्देशों को कम्प्यूटर का एक **प्रोग्राम** अथवा **क्रमशय** कहते हैं।

मान लीजिये आपको एक सरल कार्य अपने छोटे भाई से कराना है। इसके लिये आपको उसे बहुत संक्षिप्त निर्देश देने होंगे और वह आपका मन्तव्य समझकर आपका काम कर देगा। यदि आपको यही कार्य किसी अपरिचित बालक से कराना हो तो आपको उसे अधिक विस्तृत निर्देश देने होते हैं, तभी वह आपका वही कार्य कर पाता है। निर्देशों का यह अन्तर इसलिये होता है क्योंकि आपका भाई आपकी शैली, व्यवहार एवं आचार-विचार से परिचित होने के कारण आपके संक्षिप्त निर्देशों का विस्तार स्वयं कर लेता है। दूसरे बालक को आपको यही विस्तार प्रदान करना पड़ता है। कम्प्यूटरी भाषा में कहा जायेगा कि आपका छोटा भाई आपके लिये पहले से **प्रोग्राम्ड** अथवा **क्रमशयित** है, जबकि दूसरे बालक को आपने अब प्रोग्रामित किया है।

कम्प्यूटर के प्रोग्राम बनाते समय यह ध्यान रखना होता है कि कम्प्यूटर आपके लिये शून्य स्तर पर प्रोग्रामित होता है, अत: आपको इसे शत प्रतिशत प्रोग्रामित करना होता है। वह आपके मन की बात बिल्कुल नहीं समझता, वह केवल वही समझता है जो उसे प्रोग्रामों के माध्यम से समझाया किया जाता है। अत: कम्प्यूटर को पहुँचने वाले प्रोग्राम बहुत अधिक विस्तार वाले होते हैं। विस्तार का कुछ कार्य भाषा प्रोग्राम भी करते हैं। भाषा का स्तर जितना अधिक ऊँचा होगा उतने ही संक्षिप्त प्रोग्राम आपको कम्प्यूटर को देने होंगे क्योंकि भाषा प्रोग्राम उनका अधिक विस्तार कर पायेंगे।

उच्चस्तरीय भाषाओं में प्रोग्राम लिखने का लाभ यह है कि प्रोग्रामर एक कथन में अपना मन्तव्य स्पष्ट करता है और भाषा प्रोग्राम उसे कम्प्यूटर के योग्य विस्तार प्रदान कर देता है। अर्थात भाषा प्रोग्राम वही काम करता है जो आपके भाई के आपकी शैली एवं आचार-विचार से परिचित होने ने किया था। अत: कहा जा सकता है कि भाषा प्रोग्राम कम्प्यूटर को पहले से ही आपके संक्षिप्त निर्देशों को समझने के लिये प्रोग्राम्ड करते हैं।

मानक प्रोग्राम गुट

प्रोग्रामों पर अनुसंधान से पाया गया है कि सभी प्रोग्रामों में केवल तीन प्रकार के कथन गुट होते हैं, केवल उनके क्रम बदलते रहते हैं। ये गुट इस प्रकार हैं -

1. क्रमित गुट - सीक्वेन्स्ड ब्लॉक

अनेक क्रियाओं का सुनिश्चित क्रम में एक के बाद एक होने से इंस प्रकार का गुट बनता है। इसे नीचे के चित्र क में दिखाया गया है।

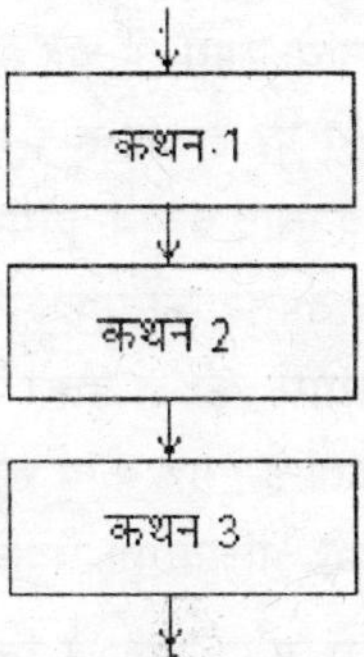

क- क्रमित गुट

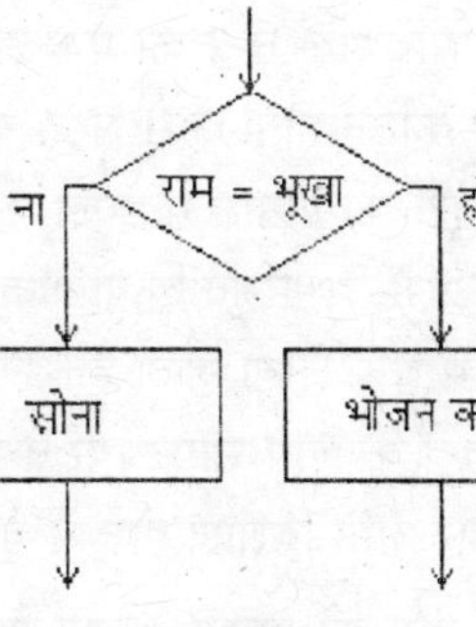

ख- निर्णय गुट

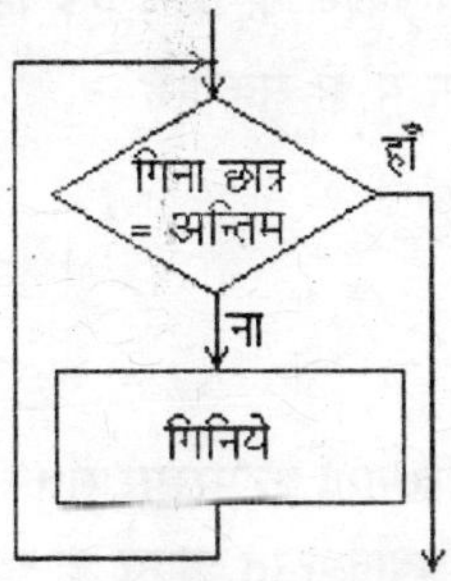

ग- आवर्ती गुट जबतक-कीजिये

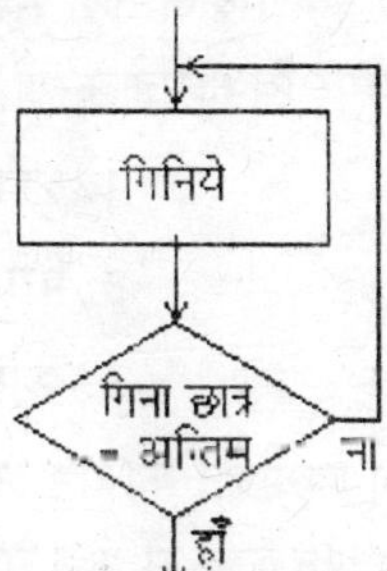

घ- आवर्ती गुट : कीजिये-जबतक

2. निर्णय गुट - डिसीज़न ब्लॉक

किसी दी गई दशा के परीक्षण पर उसका मान एक दिये मान के समान पाये जाने पर एक अनुक्रिया तथा असमान पाये जाने पर अन्य अनुक्रिया होना, इस प्रकार के गुट के द्योतक हैं। इस प्रकार के गुट में **यदि-तब-अन्यथा** अथवा **इफ-दैन-ऐल्स** कथनों का उपयोग किया जाता है। जैसे -

यदि राम की **दशा** = **भूखा** सत्य है,

तब वह भोजन करता है,

अन्यथा वह सो जाता है।

इस कथन में राम की **दशा** का परीक्षण होता है, यदि इसका मान **भूखा** पाया जाता है, तो एक अनुक्रिया भोजन करना होती है, तथा भूखा न पाये जाने पर अन्य अनुक्रिया सोना की जाती है। दूसरे शब्दों में, समदर्श - राम की **दशा** = **भूखा** - का परीक्षण होता है, सत्य पाये जाने पर एक क्रिया अन्यथा अन्य क्रिया होती है। इसे चित्र ख में दर्शाया गया है।

3. पुनरावर्त्ती गुट - रिइटरेशन ब्लॉक

इस गुट में संक्रिया तब तक बार-बार होती रहती है जब तक कि एक दी गई **संदर्श** सत्य नहीं होती, इस संविधि में प्रोग्राम में एक बन्द परिपथ बन जाता है जो इस प्रकार के गुट का द्योतक है। जैसे - किसी कक्षा के क्षात्रों की गिनती करने के लिये इस तर्क का उपयोग किया जा सकता है-

जब तक गिना गया **क्षात्र** = **अन्तिम क्षात्र** संदर्श सत्य नहीं होता,

गिनती **करते रहिये**।

इससे क्रियाओं से बने बन्द परिपथ को **पाश** कहा जाता है, जिससे सभी क्षात्रों को गिनने तक क्रियाएँ बार बार होती रहती हैं। इस प्रकार के पाश को **जब तक - करते रहिये पाश** अथवा **व्हाइल-डू लूप** कहा जाता है। इसे चित्र ग में दिखाया गया है। इसी संक्रिया को **करते रहिये-जब तक** पाश से भी दर्शाया जा सकता है जैसा कि चित्र घ में दर्शाया गया है।

सॉफ्टवेयर, प्रोग्राम तथा मॉड्यूल

कम्प्यूटरों का उपयोग बड़े-बड़े कामों के लिये किया जाता है। इस कारण साफ्टवेयर भी बहुत बड़े-बड़े होते हैं। यदि किसी विशाल **तन्त्र** का एक ही प्रोग्राम बनाया जाये तो यह भी अधिक बड़ा होगा, इतना बड़ा कि इसे समझना बहुत कठिन होगा। इसे सरल बनाने के लिये पूरे सूचना तन्त्र को संक्रियाओं के गुटों में विभाजित किया जाता है। इन गुटों को प्रोग्राम मॉड्यूल कहते हैं। इसके बाद प्रत्येक प्रोग्राम मॉड्यूल को पृथक-पृथक संविधियों के अनुसार उपगुटों में विभाजित किया जाता है। प्रत्येक उपगुट को एक संविधि कहते हैं। इसके बाद प्रत्येक संविधि का एक प्रोग्राम बना लिया जाता है। इन संविधि प्रोग्रामों को जोड़कर मॉड्यूल प्रोग्राम तथा मॉड्यूल प्रोग्रामों को जोड़कर पूरे तन्त्र के लिये सॉफ्टवेयर तैयार किया जाता है। यह कार्य सामान्यत: दो चरणों में किया जाता है किन्तु तन्त्र का आकार अति विशाल होने से ये स्तर और भी अधिक हो सकते हैं।

पहले पूरे तन्त्र को अलग-अलग ऐसे विभागों में बाँटा जाता है जिनके आपसी संबन्ध कुछ कम हों अर्थात प्रत्येक एक सकल तथा स्वतन्त्र **उपतन्त्र** हो। उदाहरण के लिये एक विद्यालय की सम्पूर्ण व्यवस्था के लिये यदि सॉफ्टवेयर विकसित करना हो तो इसके विभाग ये हो सकते हैं -

1. क्षात्र प्रवेश एवं शिक्षण,
2. अध्यापक उपयोग,
3. परीक्षा एवं परिणाम,
4. आय व्यय लेखांकन
5. क्रय एवं भण्डार

इस विभाजन का यह अर्थ नहीं है कि इन विभागों के परस्पर संबन्ध नहीं हैं। इसका अर्थ केवल यह है कि ये विभाग एक दूसरे से कुछ सूचनाओं का आदान प्रदान करते रहकर भी स्वतन्त्र रूप से व्यवस्थित किये जा सकते हैं। इस प्रकार के प्रत्येक विभाग के सॉफ्टवेयर को एक **प्रोग्राम मॉड्यूल** कहा जाता है।

विभाजन के दूसरे चरण में प्रत्येक प्रोग्राम मॉड्यूल को फिर से बाँटा जाता है। इस बाँटने में कार्य **संविधियों** को आधार बनाया जाता है, अर्थात विभाग के अन्तर्गत ऐसे कार्य खोजे जाते हैं जिनके लिये अलग अलग संविधियाँ अपनाई जाती हों। जैसे उपरोक्त क्षात्र प्रवेश एवं शिक्षण विभाग में ये संविधियाँ मानी जा सकती हैं -

1-क. प्रवेश आवेदन छँटाई एवं प्रवेश
1-ख. क्षात्र, कक्षाएँ एवं विषय विवरण
1-ग. कक्षावार शिक्षण समय तालिका
1-घ. विषय पाठ्यक्रम एवं मासिक शिक्षण प्रगति

इसी प्रकार दूसरे प्रोग्राम की संविधियाँ ये हो सकती हैं -

2-क. अध्यापक कक्षा एवं विषय
2-ख. अध्यापकवार अध्यापन समय तालिका
2-ग. अध्यापकवार मासिक अध्यापन प्रगति

इसी प्रकार परीक्षा एवं परिणाम प्रोग्राम में ये विधियाँ हो सकती हैं -

3-क. प्रश्नपत्र व्यवस्था
3-ख. परीक्षा समय तालिका एवं पर्यवेक्षण
3-ग. उत्तरपुस्तिका मानांकन व्यवस्था
3-घ. परीक्षा परिणाम

इसी प्रकार अन्य प्रोग्राम मॉड्यूलों की भी **संविधियाँ** निर्धारित की जा सकती हैं। सॉफ्टवेयर के इस प्रकार विभाजन को **मॉड्यूलराइजेशन** कहा जा सकता है।

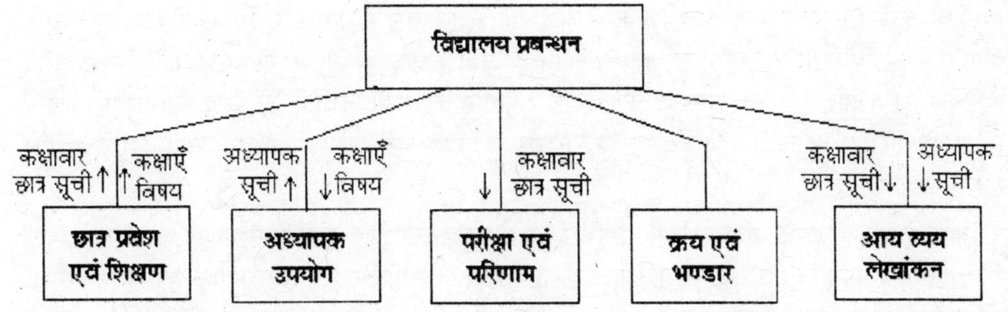

संरचित प्रोग्राम

इस प्रकार के सॉफ्टवेयर विभाजन को **संरचना तूलचित्र** अर्थात **स्ट्रक्चर चार्ट** के माध्यम से दर्शाया जाता है। उपरोक्त विद्यालय के उदाहरण का एक संरचना तूलचित्र नीचे दिखाया गया है। इसमें उन सूचनाओं को भी दिखाया जाता है जो विभिन्न प्रोग्रामों के बीच प्रवाहित होती हैं। जैसे क्षात्र प्रवेश एवं शिक्षण प्रोग्राम से कक्षावार क्षात्र सूची आय व्यय लेखांकन प्रोग्राम को क्षात्रों से शुल्क प्राप्त करने के लिये भेजी जाती है। इसी प्रकार कक्षाएँ एवं विषय सूचना अध्यापक उपयोग प्रोग्राम मॉड्यूल को भेजी जाती है ताकि अध्यापकों की समय तालिका निर्धारित की जा सके। क्षात्रों की कक्षावार सूची परीक्षा विभाग को भी भेजी जाती है जो परीक्षा व्यवस्था के काम आती है।

सुविधा के लिये उपरोक्त चित्र में संरचना का केवल एक स्तर दिखाया गया है जबकि वास्तव में तन्त्र विभाजन के दोनों स्तरों को उनके सूचना प्रवाहों के साथ दिखाया जाता है। क्षात्र प्रवेश एवं शिक्षण प्रोग्राम मॉड्यूल की संविधियों को उनके सूचना प्रवाहों के साथ आगे के तूलचित्र में दिखाया गया है।

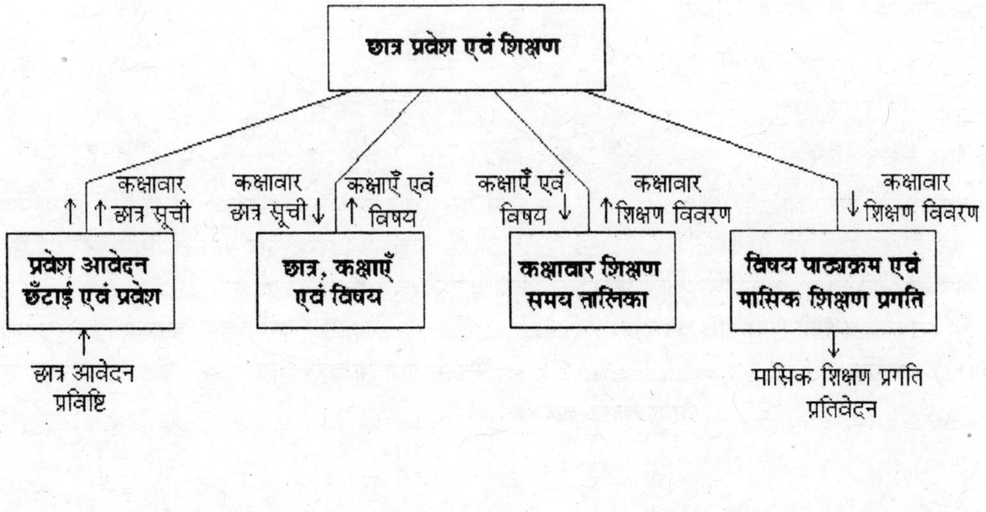

तन्त्र में सूचनाओं की प्रविष्टि केवल क्षात्रों के आवेदनों की होती है। संविधि प्रोग्राम इनको संस्कारित करके दिये गये नियमों के अनुसार सुयोग्य क्षात्रों का प्रवेश करके क्षात्रों की कक्षावार सूची बनाता है। इस सूची को क्षात्र, कक्षाएँ तथा विषय नामक संविधि प्रोग्राम को भेजा जाता है। यह क्षात्रों तथा कक्षाओं के अध्ययन विषयों का निर्धारण करता है। इस सूचना को कक्षावार शिक्षण समयतालिका संविधि प्रोग्राम को भेजी जाती है जो इसके आधार पर प्रत्येक कक्षा की समयतालिका बनाता है। इन विवरणों को विषय पाठ्यक्रम एवं मासिक शिक्षण प्रगति नामक संविधि प्रोग्राम को भेजा जाता है।

इस प्रकार पूरे सॉफ्टवेयर के मॉड्यूल तथा संविधियाँ आवश्यकतानुसार एक दूसरे से सूचनाओं का आदान प्रदान करते हैं तथा अपने अपने निर्धारित कार्यों को संपन्न करते हैं। प्रत्येक संविधि प्रोग्राम सूचनाओं की संचिकाएँ भी बनाता है या किसी संचिका से सूचना प्राप्त कर संस्कारित कर किसी अन्य संचिका को भेजता है। संचिकाओं का निर्धारण प्रोग्रामर करता है। ऊपर वर्णित पूरा कार्य **तन्त्र विश्लेषण एवं अभिकल्पन** कहलाता है।

अभ्यास :

1. एक समान आयु, एक समान आज्ञाकारी तथा एक समान बुद्धिसम्पन्न ऐसे दो बालकों को चुनिये जिनमें से एक आपसे सुपरिचित हो तथा दूसरा अपरिचित। दोनों को अलग-अलग एक ही कार्य के लिये एक ही समान निर्देश दीजिये। दोनों से प्राप्त परिणामों की तुलना कीजिये।

2. अपने परिवार में किये जाने वाले सभी कार्यों को सूचीबद्ध करके उन्हें गुटों-उपगुटों में विभाजित कीजिये। उनका एक संरचना चित्र बनाकर उसमें प्रवाहित मुख्य सूचनाओं के प्रवाह को दिखाइये।

प्रश्नमाला :

1. वास्तविक कार्य जगत तथा सूचना जगत का संबन्धन दर्शाते हुए वास्तविक जीवन में कम्प्यूटरों की उपादेयता पर एक निबन्ध लिखिये।

2. निम्नलिखित पर टिप्पणी लिखिये -

मानक पुनरावर्ती गुट, संरचना ,

मॉड्यूल, मॉड्यूलराइजेशन

3. रिक्त स्थान भरिये -

सूचनातन्त्र विश्लेषण एवं .... में पूरे सूचना तन्त्र को संक्रियाओं के गुटों में विभाजित किया जाता है। इन गुटों को प्रोग्राम .... कहते हैं। इसके बाद प्रत्येक प्रोग्राम मॉड्यूल को पृथक-पृथक संविधियों के अनुसार उपगुटों में विभाजित किया जाता है। प्रत्येक उपगुट को एक .... कहते हैं। इसके बाद प्रत्येक संविधि का एक .... बना लिया जाता है। इन संविधि प्रोग्रामों को जोड़कर .... प्रोग्राम तथा मॉड्यूल प्रोग्रामों को जोड़कर पूरे तन्त्र के लिये .... तैयार किया जाता है।

7

प्रोग्रामिंग - प्रवाहतूलचित्र

प्रोग्राम के निर्माण में सुविधा के लिये उसके द्वारा संपन्न की जाने वाली संविधि को समझा जाना आवश्यक होता है। इसके लिये संविधि को तर्कसंगत क्रियाओं तथा उपक्रियाओं में विभक्त करके उनके अर्न्तसंबन्ध स्थपित किये जाते हैं। इस कार्य में संविधि को प्रवाहतूलचित्र के माध्यम से दर्शाया जाता है। प्रवाहतूलचित्र निर्माण में दक्षता प्राप्त करने के लिए अभ्यास की आवश्यकता है। प्रवाहतूलचित्र के बिना भी प्रोग्रामिंग संभव है, किन्तु लंबे व जटिल प्रोग्रामों में कठिनाई आती है। ऐसे कार्यो के लिए प्रवाहतूलचित्र बनाने में जो समय लगता है उससे कहीं अधिक बचत प्रोग्रामिंग में हो जाती है।

एक **मॉड्यूल** द्वारा किये जाने वाले कार्य के लिये संपूर्ण विधि अनेक **संविधियाँ** अथवा **प्रोसीजर** होते हैं। प्रत्येक संविधि में अनेक कदम होते हैं। प्रत्येक कदम एक संपूर्ण सार्थक क्रिया होता है, जिसे **संक्रिया** अथवा **प्रोसैस** कहा जाता है।

प्रवाहतूलचित्र में कार्य संविधि को छोटे-छोटे गुटों व उपगुटों मे विभाजित करके संक्रियाओं में विभाजित किया जाता है। प्रत्येक संक्रिया को एक ज्यामितीय आकार से इंगित किया जाता है। फिर सभी आकारों को उनके कार्यों के क्रमानुसार एक-दूसरे से तीर चिन्हों द्वारा जोड़ दिया जाता है। तीर चिन्हों की दिशा कार्य प्रगति के अनुसार रखी जाती है। इससे एक दृष्टि में ही कार्यक्रम की रूपरेखा स्पष्ट हो जाती है। प्रवाहतूलचित्रों के मानकीकरण के उद्देश्य से संक्रियाओं के लिये उनके प्रकार के अनुसार ही ज्यामितीय आकारों को चुना गया है, जिनमें से प्रमुख निम्नांकित हैं -

1. **प्रारंभ संक्रिया व अंत संक्रिया**- कार्यक्रम का प्रारंभ व अंत दर्शाने के लिए लंबवृत का उपयोग किया जाता है। आकृति के अंदर प्रारंभ अथवा अंत शब्द अंकित किया जाता है।

2. **अंतर्गतन संक्रिया व बहिर्गतन संक्रिया** - एक समानांतर चतुर्भुज का उपयोग प्रोग्राम की उन क्रियाओं को दर्शाने हेतु किया जाता है जिनके द्वारा प्रोग्राम को सूचनाएँ दी जाती है अथवा इससे सूचनाएँ ली जाती हैं। दी जानेवाली सूचनाओं को इनपुट तथा ली जाने वाली सूचनाओं को आउटपुट कहा जाता है। प्रोग्राम को दी जाने वाली सूचनाओं में डेटा आदि आते हैं तथा ली जाने वाली सूचनाओं मे प्रोग्राम द्वारा उत्पन्न परिणाम आते हैं।

3. **निर्णय संक्रिया**- प्रोग्राम में निर्णय क्रिया को दर्शाने के लिये हीराकार चतुर्भुज का उपयोग किया जाता है। इसका उन स्थानों पर उपयोग किया जाता है, जहाँ प्रोग्राम को दो उपलब्ध विकल्पों में से स्थिति के अनुसार एक का चुनाव करना होता है। इस आकृति में उन स्थितियों अथवा प्रश्नों को अंकित किया जाता है जिनके उत्तर हाँ या

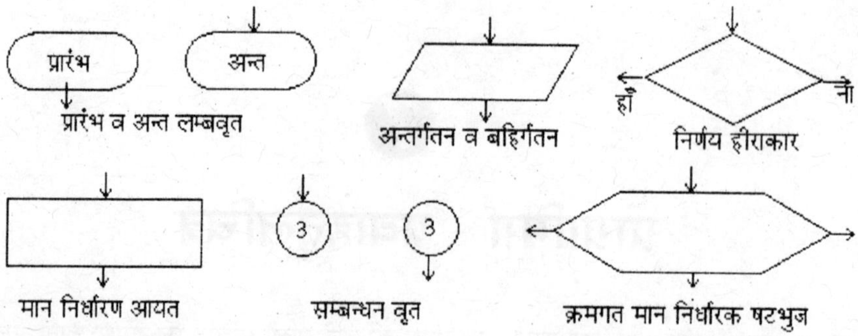

न में हों। प्रोग्राम चतुर्भुज के एक कोने से इस निर्णायक चतुर्भुज में प्रवेश करता है और उत्तर यदि हाँ हो तो एक कोने की दिशा की ओर अग्रसर होता है और उत्तर यदि ना हो तो प्रोग्राम एक अन्य कोने की दिशा में जाता है।

4. **मान निर्धारण संक्रिया**- प्रोग्राम में प्रयुक्त घटकों को मान प्रदान करने के लिए एक आयत का उपयोग किया जाता है।।

5. **संबंधन संक्रिया**- जब कोई प्रोग्राम एक ही पृष्ठ अथवा श्रृंखला में न दर्शाया जा सके तो प्रोग्राम के सिरों पर एक वृत चिन्ह का उपयोग कर उसके अंदर एक संख्या अंकित कर दी जाती है, जो प्रोग्राम खंडों के परस्पर संबंधन को दर्शाती है अर्थात् एक श्रृंखला के अंत में स्थित वृत के अंदर लिखी संख्या दर्शाती है कि प्रोग्राम यहाँ से आगे इसी संख्या से अंकित दूसरे वृत सें आगे चलेगा।

6. **क्रमगत मान निर्धारण संक्रिया**- प्रोग्रामों में आँकड़ों की श्रृंखलाओं पर कार्य करने हेतु इनमें प्रयुक्त एक ही चर को क्रमश: एक-एक कर क्रमश: अनेक मान दिए जाते है। ऐसी संक्रिया को एक षटकोण से दर्शाया जाता है।

उदाहरण 1 :-

मान लीजिए कि हमें अपने कम्प्यूटर से $38 \times 35 \div 6$ का मान ज्ञात करना है तथा परिणाम प्राप्त करना है। इस संक्रिया का प्रवाहतूलचित्र इस प्रकार बनाया जा सकता है -

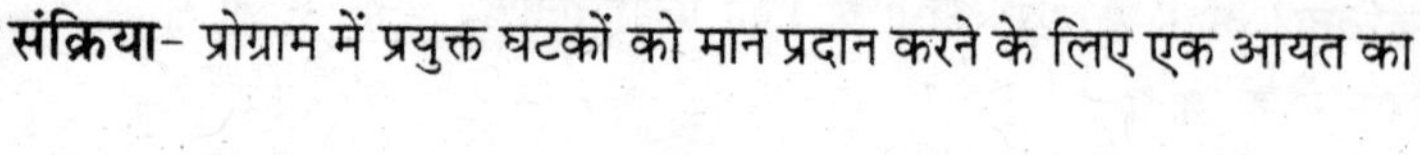

उदाहरण 2 :-

दो संख्याओं क तथा ख में से यदि क ख से बड़ी हो तो *क -ख* दर्शाना है,
यदि ख क से बड़ी हो तो दोनों का *योग* दर्शाना है, और
यदि क तथा ख समान हैं तो *दोनों संख्याएँ समान हैं* दर्शाना है।

इस संविधि का प्रवाहतूलचित्र इसप्रकार है –

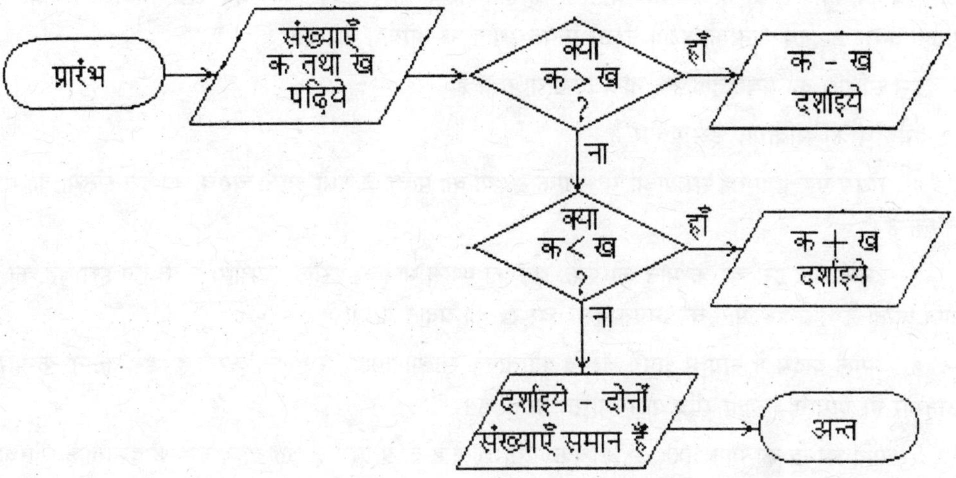

इस उदाहरण में केवल संक्रियाएँ दर्शाई गई हैं, उनकी कार्यविधि नहीं दर्शाई गई है। इस उदाहरण का उद्देश्य केवल प्रवाहतूलचित्रण है। आगे के उदाहरणों में क्रमशः संक्रिया विस्तार दर्शाये जायेंगे।

उदाहरण 3 :-

दी गई अनेक संख्याओं के व्यासों के वृतों के क्षेत्रफल निकालिए। यदि क्षेंत्रफल 1000 से अधिक है तो – वृत *बहुत बड़ा है* – दर्शाइये। यदि क्षेत्रफल 100 से कम है तो – *वृत बहुत छोटा है* दर्शाइए। अन्यथा इस क्षेत्रफल के समान क्षेत्रफल के वर्ग की एक भुजा की लम्बाई ज्ञात कीजिए।

मान लीजिये वृत का व्यास = क

वृत का क्षेत्रफल = ख

आपको ज्ञात होगा कि वृत का क्षेत्रफल $ख = \frac{3.14 \, क^2}{4}$ होता है।

तथा ख क्षेत्रफल के वर्ग की एक भुजा की लम्बाई $ग = \sqrt{ख}$ होती है।

इस संविधि में प्रोग्राम तीन काल्पनिक बीजगणितीय संख्याओं क, ख तथा ग का उपयोग करता है। इस प्रकार की काल्पनिक संख्याओं को **चर** अर्थात **वैरियेबिल** कहा जाता है क्योंकि इनके मान स्थिर न रहकर प्रोग्राम के निर्देशों के अनुसार परिवर्तित होते रहते हैं। प्रोग्राम अपनी संक्रियाओं से इन चरों के मान ज्ञात करता है।

प्रत्येक चर को उसके प्रोग्राम में उपयोग के पहले परिभाषित करना आवश्यक होता है। इन परिभाषाओं से प्रोग्राम कम्प्यूटर स्मृति में प्रत्येक चर के लिये एक स्थान निर्धारित करता है। प्रोग्राम को जब भी किसी चर मान की आवश्यकता होती है, उसके नियत स्थान पर अंकित संख्या को पढ़ लेता है। जब प्रोग्राम किसी चर को नया मान प्रदान करता है, नये मान को इसके लिये नियत स्थल पर अंकित कर देता है।

इस संविधि का प्रवाहतूलचित्र नीचे दिखाया गया है -

संविधि की संक्रियाएँ इस प्रकार हैं -

1- सबसे पहले दी गई संख्याओं में से एक संख्या को पढ़ता है तथा अपने चर क को इस संख्या का मान प्रदान करता है।

2- इसके बाद इस चर के मान को एक वृत का व्यास मानकर इसका उपयोग करते हुए इस वृत का क्षेत्रफल ज्ञात करता है तथा इस मान को अपने दूसरे चर ख को प्रदान करता है।

3- अगले कदम में प्रोग्राम अपने चर ख की तुलना संख्या 1000 से तुलना करता है। इस तुलना के परिणाम के अनुसार ही प्रोग्राम अगली संक्रिया निर्धारित करता है।

4- यदि चर ख का मान 1000 से अधिक पाया जाता है तो प्रोग्राम - *वृत बहुत बड़ा है* दर्शाता है - तथा वापिस प्रोग्राम के प्रारंभ पर पहुँच कर फिर से अपना कार्य करता है।

5- यदि उपरोक्त कदम 3 में चर ख का मान 1000 से कम पाया जाता है तो प्रोग्राम अगले निर्णय कदम पर जाता है। इस कदम में प्रोग्राम अपने चर ख के मान की तुलना संख्या 100 से करता है। इस तुलना के परिणाम के आधार पर ही प्रोंग्राम की अगली संक्रिया का चुनाव निर्भर करता है।

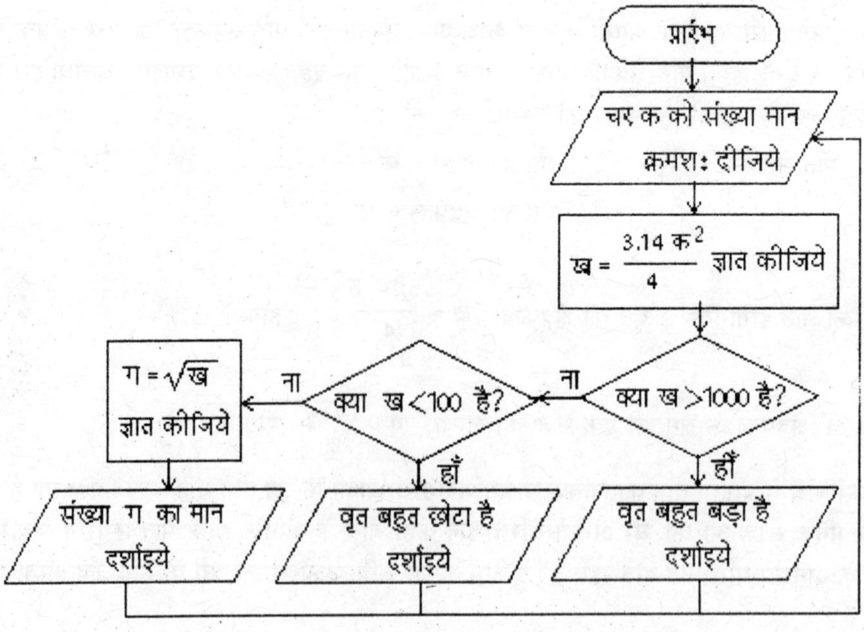

6- यदि चर ख का मान 100 से कम पाया जाता है तो प्रोग्राम - *वृत बहुत छोटा है* - दर्शाता है तथा वापिस प्रोग्राम के प्रारंभ पर पहुँच कर फिर से अपना कार्य करता है।

7- यदि उपरोक्त कदम 5 में चर ख का मान 100 से अधिक पाया जाता है तो प्रोग्राम चर ख के मान का वर्गमूल ज्ञात करता है तथा इस मान को अपने चर ग को प्रदान करता है।

8- प्रोग्राम ग का मान दर्शाकर वापिस प्रोग्राम के प्रारंभ पर पहुँचता है।

ध्यान दीजिए कि इस उदाहरण में क्रमशय का अंत नहीं दर्शाया गया है, क्योंकि समस्या मेंही प्रक्रम के अंत का कोई प्रावधान नहीं है जो इसका एक दोष है। इसके लिए समस्या मे दी गई संख्याओं की गिनती दी जानी चाहिए थी, जिससे कि कार्यक्रम उतनी संख्याओं को संस्कारित कर अंत हो जाता, अन्यथा प्रोग्रामर अपनी ओर से प्रोग्राम के अंत का कोई प्रावधान करता। इस प्रोग्राम में संख्याएँ समाप्त हो जाने पर कम्प्यूटर संख्या समाप्ति का संकेत देगा, जो प्रोग्राम का प्राकृत अंत नहीं है। अगले दो उदाहरणों में इस प्रकार के प्रोग्रामों का अंत करने हेतु दो अलग-अलग प्रावधान करेंगे।

उदाहरण 4 :- विधि -1

दी गई अनेक संख्याओं अ, ब, स, द आदि की श्रृंखला बढते क्रम में है अथवा नहीं? इसे ज्ञात करने के लिये एक संविधि का प्रवाहतूलचित्र बनाइये।

संख्याओं की गिनती न दिए जाने के कारण इस प्रोग्राम का अंत करने के लिए हम अपनी ओर से संख्या-श्रृंखला के अंत में एक ऐसी काल्पनिक संख्या ह रख देते हैं जो दी गई संख्याओं से बिल्कुल भिन्न हो - इनसे बहुत बड़ी, या उनसे बहुत छोटी, अथवा ऋणात्मक अथवा शून्य आदि प्रकार की। संख्याओं के क्रमगत पठन में जब यह संख्या ह आती है तभी प्रोग्राम के अंत कर दिया जाता है।

इस उदाहरण में संख्याएँ एक-एक करके पढ़ी गई हैं और प्रोग्राम जब भी अगली संख्या को पिछली संख्या से बड़ी पाता है तभी संख्याएँ *बढते क्रम में नहीं है* दर्शाता है और प्रोग्राम का अंत हो जाता है। इस संक्रिया में यदि प्रोग्राम काल्पनिक संख्या ह पर पहुँचता है तो *संख्याएँ बढ़ते क्रम में है* दर्शाया जाता है तथा प्रोग्राम का अंत हो जाता है। इस संक्रिया को पार्श्व में दर्शाया गया है।

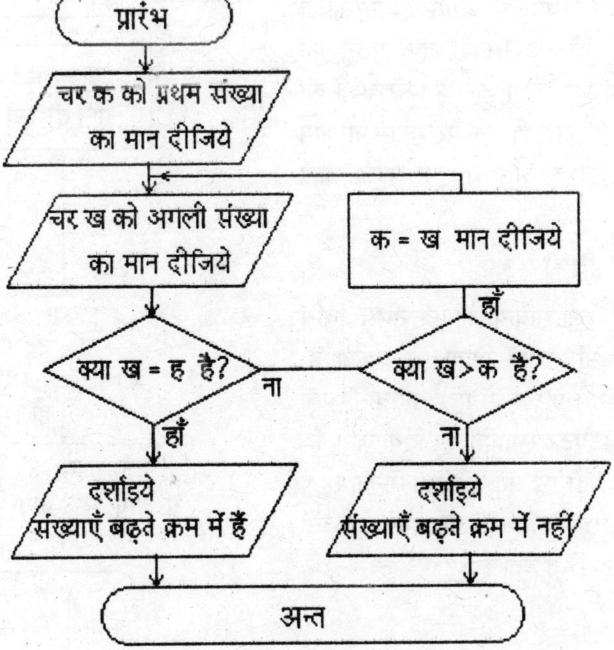

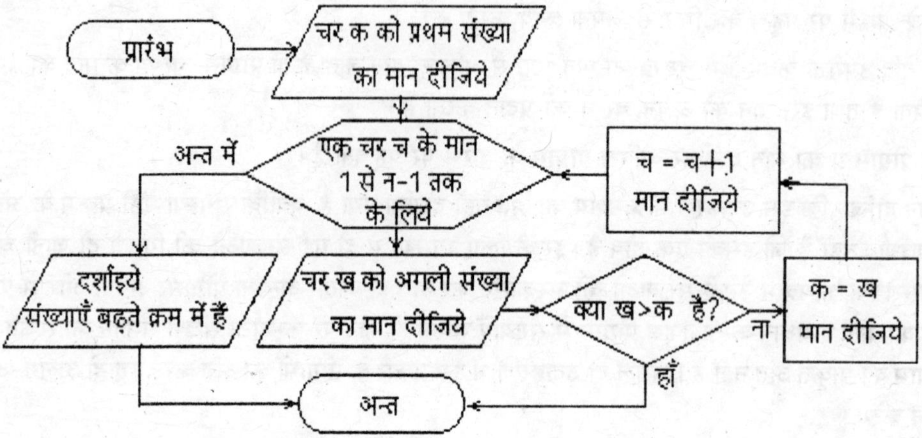

विधि - 2

इसी संविधि को एक अन्य प्रकार से भी सम्पन्न किया जा सकता है जिसका प्रवाहतूलचित्र नीचे दिखाया गया है –

मान लीजिए कि हमें दी गई संख्याओं की गिनती ज्ञात है जो न है। ऐसी स्थिति में प्रोग्राम में संख्याओं का दी गई गिनती तक पठन का अधिदेश दिया जाता है। संख्याओं की गिनती पूर्ण हो जाने पर प्रोग्राम परिणाम दर्शाता है और अंत पर पहुँच जाता है।

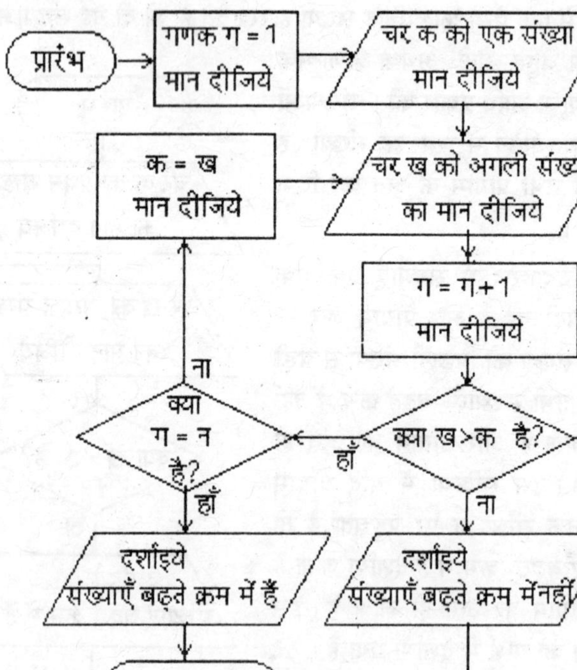

विधि -3

इसी संक्रिया को एक तीसरी विधि से भी सम्पन्न किया जा सकता है, जिसमें प्रोग्राम में एक **गणक** अथवा **काउण्टर** स्थापित कर दिया जाता है, जो पढ़ी गई संख्याओं को गिनता रहता है तथा अंतिम संख्या आने पर अंत का संकेत देता है।

इस संविधि का प्रवाहतूलचित्र पार्श्व में दिखाया गया है जिसमें चर ग गणक का कार्य करता है। इसका प्रारंभिक मान 1 है जब प्रोग्राम प्रथम संख्या पढ़ता है। दूसरी संख्या तथा इसके बाद की प्रत्येक संख्या पढ़ने पर इसका मान एक बढ़ा दिया जाता है। एक निर्णय संक्रिया इसके मान पर दृष्टि रखती है। जब यह मान संख्याओं की संख्या न के समान हो जाता है, तब प्रोग्राम निर्दिष्ट अभिदर्शन कर अन्त हो जाता है।

दिए गये उपरोक्त प्रवाहतूलचित्रों से स्पष्ट है कि प्रोग्रामों में बहुधा कुछ संक्रियाएँ बार-बार दोहराई जाती हैं तथा इनके लिए प्रवाहतूलचित्रों में बंद परिपथ बन जाते हैं। इसके लिए संक्रिया के अंत में प्रोग्राम को संक्रिया के प्रारंभ में जाने का अधिदेश दिया जाता है, जहाँ से संक्रिया पुन: प्रारंभ हो जाती है। इस प्रकार के बंद परिपथ को **पाश** अथवा **लूप** कहा जाता है। एक प्रक्रम में एक या अनेक पाश हो सकते है। कभी-कभी कार्य की आवश्यकतानुसार प्रोग्राम में एक पाश के अंदर दूसरा पाश स्थित हो सकता है।

अभ्यास :

अपने पिताजी के प्रात:काल में तैयार होकर काम पर जाने की संविधि को प्रवाहतूलचित्र द्वारा दिखाइये तथा उसमें मानक संक्रिया गुटों को चिन्हित कीजिये।

प्रश्नमाला :

1. प्रवाहतूलचित्र में ज्यामितीय आकृतियों में .... को अंकित किया जाता है जबकि तीरांकित पथों में .... होता है।

2. प्रवाहतूलचित्र की संक्रियाओं में निम्नांकित में से कौन से अनिवार्य हाते हैं -

   केवल अन्तर्गतन सूचना प्रवाह,

   केवल बहिर्गतन सूचना प्रवाह,

   दोनों अन्तर्गतन तथा बहिर्गतन सूचना प्रवाह।

3. प्रवाहतूलचित्र में निर्णय संक्रिया गुट को कैसे दिखाया जाता है, उदाहरया सहित समझाइये।

8

प्रोग्रामिंग भाषा – बेसिक

संविधि प्रवाहतूलचित्र के ज्ञान के बाद अब हम **प्रोग्रामिंग लेंगवेज – बेसिक** अर्थात **क्रमशयन भाषा – बेसिक** पर आते हैं। जैसाकि पूर्व में कहा जा चुका है, अधिदेशों को क्रमबद्ध अंकित करने को क्रमशयन कहते हैं।

कम्प्यूटरी भाषा बेसिक अंग्रेजी को आधार बनाकर निर्मित की गई है अत: इसके सभी अधिदेशों को अंग्रेजी शब्दों में इंगित किया गया है और ये अधिदेश इस भाषा की रोमन लिपि में ही स्वीकार्य है। कम्प्यूटर केवल उसे प्रदत्त भाषा लिपि एवं उनमें अंकित अधिदेशों से ही परिचित होता हे। इसलिये कम्प्यूटरी भाषा के अधिदेशों अथवा संकेतों में कोई परिवर्तन करना संभव नहीं होता। तदनुसार पुस्तक में आगे सभी अधिदेशों को रोमन लिपि में ही अंकित किया जाएगा। क्रमशयन कर्म शुरू करने से पूर्व कुछ आधारभूत तथ्यों का अवलोकन करना इस में सहायक होगा।

जैसाकि पहले कहा जा चुका है कि कम्प्यूटर को कोई अधिदेश देने से पूर्व उसे दिए गये अधिदेश की भाषा से अवगत कराना होता है। यहाँ हम कम्प्यूटर को बेसिक भाषा में क्रमशयों के रूप में अधिदेश देने का अध्ययन कर रहे हैं इसलिए इन क्रमशयों को कम्प्यूटर पर चलाने के पूर्व कम्प्यूटर को बेसिक भाषा का ज्ञान कराना आवश्यक है, जिसका अर्थ है कम्प्यूटर तन्त्र में बेसिक भाषा के **व्याख्याता क्रमशय** को स्थापित करना। यह क्रमशय कम्प्यूटर की हार्डडिस्क पर अथवा फ्लॉपी डिस्क में स्थापित किया जा सकता है क्योंकि एह एक संक्षिप्त क्रमशय है जिसके लिये एक अपनेयी चकती पर्याप्त होती है।

अपने कम्प्यूटर को चालू करने के बाद बेसिक निदेशिका जहाँ कहीं है, उस ड्राइव पर जाइए, जो ए:, बी: अथवा सी: चकती पर होगी। निर्धारित ड्राइव पर जाने के बाद बेसिक निदेशिका पर जाइए तथा

DIR

अधिदेश दीजिए। आपके कम्प्यूटर के परदे पर बेसिक निदेशिका में उपस्थित फाइलों की सूची अंकित हो जाएगी। इस सूचीमें EXE अथवा COM उपनाम की फाइल खोजिए, यह BASIC अथवा BASICA के नाम से होगी। किन्तु इसका नाम बदला हुआ भी हो सकता है। इस फाइल का नाम तथा वर्तनी अच्छी तरह से याद कर लीजिये। कम्प्यूटर अधिदेशों में वर्तनी की भूलें क्षमा नहीं करता है, अत: प्रत्येक अधिदेश की अक्षरक्ष: सही वर्तनी ही अंकित की जानी चाहिए।

डॉस प्रॉम्प्ट पर बेसिक की समादेशिक संचिका नाम का उपयोग करते हुए बेसिक संपादक-व्याख्याता प्रोग्राम को सक्रिय कीजिये। कुछ ही क्षणों में अभिदर्श पर इस प्रकार का अभिदर्श प्रस्तुत होगा –

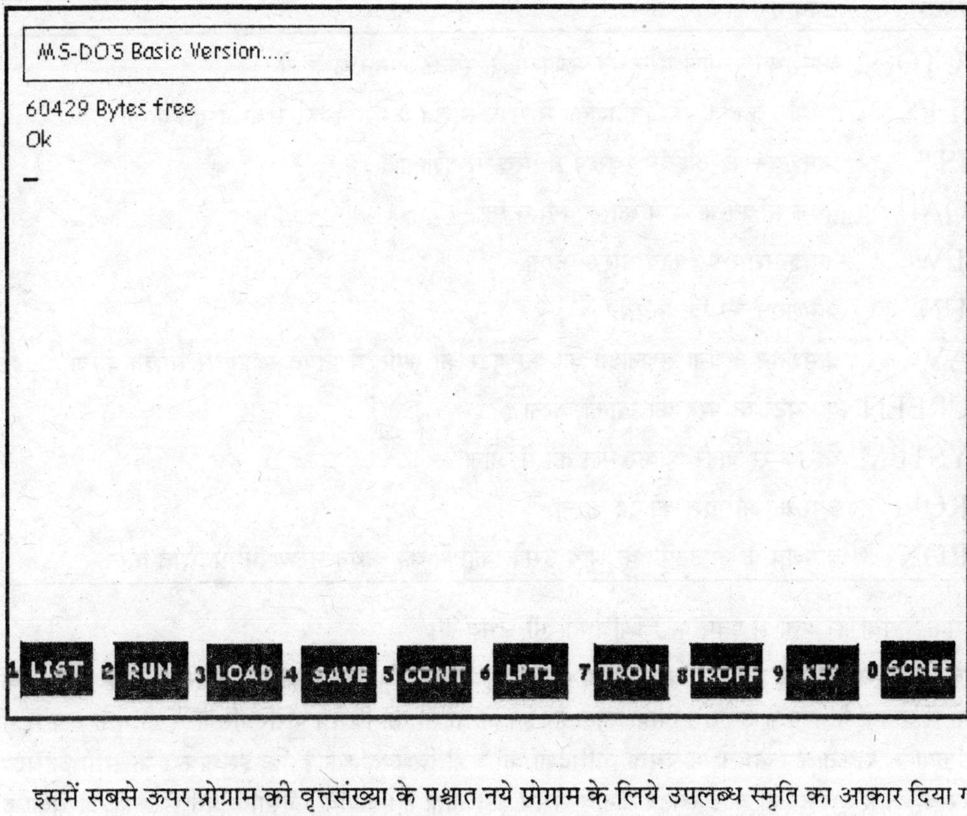

इसमें सबसे ऊपर प्रोग्राम की वृत्तसंख्या के पश्चात नये प्रोग्राम के लिये उपलब्ध स्मृति का आकार दिया गया है। इसके बाद नये प्रोग्राम के संपादन का क्षेत्र है। सबसे नीचे की पंक्ति में कर्त्यन कुंजियों के अंकों के साथ उनके द्वारा की जाने वाली संक्रियाएँ दी गई हैं।

कथन व अधिदेश

अधिदेश शब्द का उपयोग हम इससे पूर्व भी कर चुके हैं, किन्तु कथन शब्द नया है। दोनों शब्दों में कोई विशेष अन्तर नहीं है। दोनों का अर्थ बेसिक भाषा में पूर्वनिर्धारित अधिदेश है। किन्तु किसी शब्द समूह का स्वतन्त्र उपयोग यदि बेसिक में स्वीकार्य है तो वह अधिदेश कहलाता है। अधिदेश यदि कियी क्रमशय का अंग हो तो वह उस क्रमशय का कथन कहलाता है।

बेसिक में प्रत्येक कथन के प्रारंभ में कथन संख्या की उपस्थिति आवश्यक है, अन्यथा वह मुक्त अधिदेश के रूप में गृहण किया जाता है।

इस प्रकार अधिदेशों को दो श्रेणियों में विभक्त किया जा सकता है – तंत्रीय अधिदेश तथा बेसिक कथन ।

तंत्र अधिदेश बेसिक के वे अधिदेश है, जो कम्प्यूटर तंत्र को नियंत्रित करते है, जैसे RUN, SAVE, आदि। क्रमशयन में इनका उपयोग वर्जित है। विभिन्न तंत्रीय अधिदेश, जिनका बेसिक में बहुधा उपयोग होता है, निम्नांकित हैं। प्रत्येक अधिदेश के आगे उसके उपयोग का प्रभाव वर्णित है –

अधिदेश	*उपयोग*
AUTO	क्रमशयन निर्माण में कथन संयाओं के स्वत: अंकन के लिये,
FILES	उपयोग की जा रही निदेशिका में सभी संचित क्रमशयों की सूची प्रस्तुत करना,
LIST	क्रमशयन को अन्तिम स्वरूप में परदे पर दर्शाना
LOAD	पुराने संचित क्रमशय को सक्रिय करना
NEW	नए क्रमशय पर कार्य प्रारंभ करना
RUN	क्रमशयन का क्रियान्वयन
SAVE	क्रमशयन अथवा सूचनाओं को कम्प्यूटर की स्मृति में नियत स्थान पर संचित करना
SCREEN	कम्प्यूटर के परदे को खाली करना
SYSTEM	बेसिक से बाहर आकर मूल तंत्र में आना
TROFF	उपरोक्त अधिदेश को रद्द करना
TRON	क्रमशय के आउटपुट के साथ उसके कारणों की कथन संख्या भी प्रदर्शित करना

बेसिक के विभिन्न वृत्तों में इनमें कुछ विविधता भी संभव है।

इनके अतिरिक्त बेसिक द्वारा स्वीकार्य अन्य अधिदेश, जिनके विवरण प्रोग्रामिंग करने में स्पष्ट होंगे , को क्रमशयों में कथनों के रूप में उपयोग किया जाता है। इन अधिदेशों को विशेष परिस्थितियों में ही मुक्त रूप मे भी प्रयुक्त किया जा सकता है। कथनों में प्रयुक्त अधिदेशों की बड़ी विशेषता यह है कि इस प्रकार के सभी अधिदेश परस्पर संबंधित हैं एवं उनका कोई स्वतंत्र प्रभाव संभव नहीं होता है। जबकि, जैसाकि पूर्व में कहा जा चुका है, अपना स्वतंत्र प्रभाव रखने वाले शब्द अथवा शब्द श्रृंखला ही अधिदेश कहे जा सकते हैं। यदि प्रभावी होने लिए किसी अन्य अधिदेश की आवश्यकता होती है तो वे दोनों ही कथन कहे जाते हैं।

बेसिक कथनों में प्राय: तीन अनिवार्य भाग होते हैं -

कथन संख्या,

परिचारक (Operator) तथा

परिचार्य (Operand)

किन्तु इसके कुछ अपवाद है, जैसे - End परिचारक का काई परिचार्य नहीं होता है, इसी प्रकार Return परिचारक भी परिचार्यविहीन ही होता है। कथन संख्या सभी कथनों का अनिवार्य अंग होती है।

कथन संख्या (STATEMENT NUMBER)

क्रमशय की प्रत्येक पंक्ति में एक और केवल एक ही कथन अंकित किया जाता है तथा प्रत्येक कथन का प्रारंभ कथन संख्या से होता है। कथन संख्या के बारे में सामान्य नियम इस प्रकार हैं -

1. कथन संख्या क्रमशय के अन्तिम स्वरूप में बढते क्रम में ही होने चाहिए। यदि किसी कारणवश एक कथन संख्या अपने से पूर्व की किसी भी कथन संख्या से कम अंकित की गई है तो बेसिक कथन संख्याओं के बढते क्रम

में ही स्वीकार करेगी। इसका तात्पर्य यह भी है कि यदि भूल से कोई कथन अंकित होने से छूट गया है तो उसे उसकी सही क्रमानुगत कथन संख्या के साथ क्रमशय में किसी भी स्थान पर अंकित किया जा सकता है। बेसिक स्वमेव उसे उसके यथास्थान पर ही पढेगी।

2. क्रमशय में कोई एक कथन संख्या दो बार प्रयुक्त नहीं की जा सकती। यदि ऐसा किया गया है तो बेसिक अंत में अंकित कथन को ही सही मानेगी। उससे पूर्व के उसी कथन संख्या वालें सभी कथन स्वमेव ही निरस्त माने जाएंगे। इसका लाभ यह भी है कि यदि किसी कथन के अंकन में कोई त्रुटि हो गई हो तो उस कथन को कथन संख्या सहित पुनः अंकित किया जा सकता है, जो पूर्व के त्रुटिपूर्ण कथन का स्थान ग्रहण कर लेगा।

3. कथन संख्या का मान 1 से 99999 तक हो सकता है। इस आसार में कथन संख्या कहीं से भी प्रारंभ होकर कहीं पर भी समाप्त हो सकती है।

4. किन्ही भी दो सन्निकट कथनों की कथन संख्या में अन्तर कुछ भी रखा जा सकता है, केवल उनका बढते क्रम में होना आवश्यक है।

क्रमशय में परिवर्तन (CHANGES IN PROGRAM)

उपरोक्त नियमानुसार बेसिक भाषा के क्रमशयन में भूल सुधार करने की भी नियत संविधियाँ हैं। यदि किसी कथन के अंकन में कोई भूल हो गई है तो कथन को प्रवेश कराने के बाद उसमें त्रुटि को सही करने से काई लाभ नहीं होता। यद्यपि परदे पर त्रुटि सही की जाती दिखेगी, किन्तु बेसिक उस कथन को उसके मूल स्वरूप में ही स्वीकार करती है। इसलिए भूल सुधार के लिए सर्वोतम विधि यही है कि कथन को कथन संख्या सहित दोबारा अंकित कर दिया जाए,जैसाकि उपरोक्त नियम 2 में वर्णित है।

इन नियमों के अंतर्गत ही यदि कोई कथन क्रमशय से हटाना हो तो उसकी कथन संख्या मात्र अंकित कर प्रवेश कराने से कथन अप्रभावी हो जाता है, यद्यपि कथन परदे पर उस समय प्रदर्शित होता रहेगा।

क्रमशय में भूल से छोड़ दिए गये कथनों को नियम 1 में वर्णित व्यवस्थानुसार क्रमशय में सही कथन संख्या सहित कहीं भी अंकित किया जा सकता है।

कथन संख्याओं की उपरोक्त व्यवस्थाओं का लाभ उठाते हुए उनके निर्धारण में निम्नलिखित बातों को अपनाना लाभप्रद रहता है –

1. कथन संख्या 1 से प्रारंभ न करके किसी अन्य संख्या जैसे 5,10... आदि संख्या से प्रारंभ करनी चाहिए। इससे लाभ यह होता है कि यदि बाद में क्रमशय के प्रारंभ में कोई कथन अंकित करने की आवश्यकता लगे तो क्रमशय के सभी कथनों के क्रमांक बदलने नहीं होंगे। केवल प्रथम कथन के अंक से कम अंक की कथन संख्या के साथ कथन अंकित करना पर्याप्त होगा।

2. सन्निकट कथनों की कथन संख्याओं में पर्याप्त, जैसे 5 या 10 का अन्तर रखना चाहिये। यह इसलिए लाभप्रद रहता है ताकि किन्ही भी दो कथनों के मध्य कभी नए कथन के स्थापन की आवश्यकता हो नए कथन को, दोनों कथनों की संख्या के मध्य की कोई भी संख्या प्रदान की जा सकती है।

प्रारंभ में ऐसा लग सकता है कि कथन संख्या अंकित करने में व्यर्थ मे ही समय नष्ट किया जा रहा है, किन्तु उपरोक्त बिंदुओं से एवं अभ्यास से स्पष्ट हो जाता है कि कथन संख्या अंकित करना बेसिक क्रमशयन में अत्यन्त

लाभकारी क्रिया है। यद्यपि बहुत सी अन्य भाषाएँ कथन संख्या को आवश्यक नहीं मानती, किन्तु बेसिक इसे आवश्यक मानती है।

अभ्यास :

एक अपनेयी चकती को अपने व्यक्तिगत उपयोग के लिये अपने संस्थागत कम्प्यूटर से प्रवर्तन चकती बनाइये तथा इसी चकती पर बेसिक भाषा प्रोग्राम को अपने व्यक्तिगत उपयोग के लिये अपने संस्थागत कम्प्यूटर से प्रतिलिपित कीजिये। इस चकती से आप किसी भी कम्प्यूटर को प्रवर्तित कर बेसिक भाषा में क्रमशयन कर सकेंगे।

प्रश्नमाला :

1. एक पुराने बेसिक प्रोग्राम में आपको कुछ संशोधन करने हैं, इसकी विधि का वर्णन कीजिये।
2. आपके द्वारा उपयुक्त बेसिक प्रोग्राम इण्टरप्रैटर है अथवा कम्पाइलर, यह कैसे ज्ञात करेंगे?
3. बेसिक में कथन संख्या के लाभकारी उपयोगों के बार में विस्तार से लिखिये।
4. बेसिक के तन्त्रीय अधिदेशों तथा क्रमशय अधिदेशों के बारे में समझाइये।

9

बेसिक प्रारंभिक प्रोग्राम रचना

अंकगणितीय प्रतिचिन्ह

बेसिक में अंकगणितीय क्रियाओं के लिये निम्नांकित प्रतिचिन्ह निर्धारित हैं -

योग करना	+
घटाना	-
गुणन करना	*
भाग करना	/
घात लगाना	^
कोष्ठक	( )

इन प्रतिचिन्हों के संख्याओं के साथ उपयोग से बने संयुक्त रूप को **गणितीय व्यक्तव** कहते हैं। गणितीय व्यक्तवों की रचना में निम्नलिखित नियम उपादेय हैं -

1- कोष्ठक के अतिरिक्त कोई प्रतिचिन्ह किसी अन्य प्रतिचिन्ह के आसन्न नहीं हो सकता।

2- कोष्ठक व्यक्तव के भाग को प्रथक अस्तित्त्व प्रदान करते हैं तथा अन्दर की संख्याओं का बाहर की संख्याओं से सीधा संसर्ग निषिद्ध करते हैं। इनका उपयोग सदैव युगल में होता है।

3- अभिव्यंजन के सरलीकरण में सर्वप्रथम कोष्ठित भागों को प्रथक व्यक्तवों के रूप में सरलीकृत करके कोष्ठकों को समाप्त किया जाता है।

4- गणितीय प्रतिचिन्हों की उपादेयता का क्रम इसप्रकार है : -

घात,

गुणन एवं अथवा भाग,

योग एवं अथवा घटाना

ये नियम साधारण गणित के नियमों जैसे ही हैं।

प्रस्तुति कथन PRINT

यह कथन क्रमशय के बहिर्गतन अर्थात् परिणाम को दर्शाने का कार्य करता है। चूँकि बिना परिणाम का कोई क्रमशय बनाया ही नहीं जाता, इसलिए इस कथन की प्रत्येक व्यवहारिक क्रमशय को आवश्यकता होती है। बेसिक क्रमशयों में प्रयुक्त कथनों के परिणामस्वरूप यदि कुछ बहिर्गतन कम्प्यूटर के परदे पर प्रदर्शित होना है तो वह इस कथन से होगा। इसके अतिरिक्त इस कथन को विभिन्न उपयोगों के लिए प्रयुक्त किया जा सकता है, जैसे -

1. इसी कथन में प्रयुक्त व्यंजनों मानों को संगणित करने तथा परिणाम को दर्शाने हेतु।
2. अन्य कथनों द्वारा की गई संगणनाओं के परिणाम को दर्शाने हेतु।
3. कम्प्यूटर के परदे पर किसी संदेश को दर्शाने हेतु।
4. कम्प्यूटर क्रमशय द्वारा प्रदर्शित किसी अभिलेख तालिका के दर्शाने हेतु, तथा
5. क्रमशय के परिणामों में रिक्त पंक्ति छोड़ने हेतु।

इस कथन का स्वरूप निम्नांकित प्रकार का होता है -

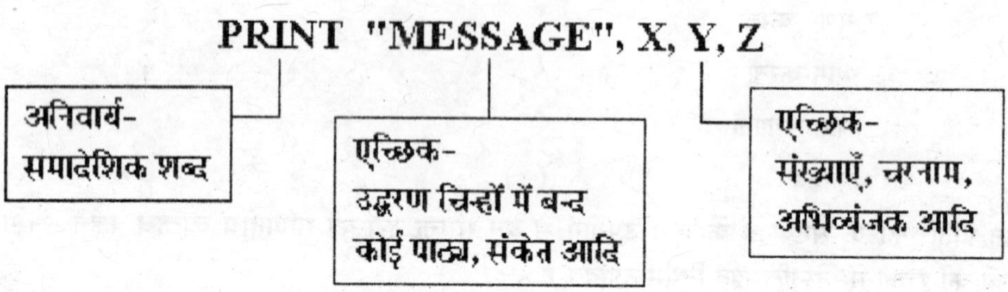

बेसिक के इस कथन का उपयोग निम्नलिखित नियमों के अनुसार किया जा सकता है -

1. प्रत्येक PRINT कथन का परिणाम सामान्यत: एक नई पंक्ति में ही होता है, किन्तु परिणाम यदि लम्बा है तो यह एक से अधिक पंक्तियों में अभिदर्शित हो सकता है।

2. कथन के आगे उद्धरण प्रतिचिन्हों के अन्दर कुछ भी अंकित किया जा सकता है। यह कथन उद्धरण प्रतिचिन्हों के अंतर्गत प्रत्येक शब्द अथवा संकेत आदि को यथावत् अभिदर्शित करता है, यहाँ तक कि उद्धरण प्रतिचिन्हों के मध्य रिक्त स्थान भी ज्यों-के-त्यों अभिदर्शित किए जाते हैं।

जैसे क्रमशय कथन - 15 PRINT "SUSHILA goes TO   sCHoL"

का परिणाम यह होगा - SUSHILA goes TO   sCHoL

3. बेसिक इस कथन में सम्मिलित बिना उद्धरण प्रतिचिन्ह के व्यक्तवों की संगणना करती है तथा यह कथन परिणाम दर्शाता है।

जैसे क्रमशय कथन - 20 PRINT 2x6/8

का परिणाम यह होगा - 1.5

किन्तु क्रमशय कथन - 20 PRINT SUSHILA

का परिणाम यह होगा -

क्योंकि बेसिक SUSHILA का अर्थ नहीं जानती।

1. कथन में यदि PRINT शब्द के उपरान्त कुछ न लिखा जाए तो यह कथन एक रिक्त पंक्ति छोड़ता है।

जैसे क्रमशय -

```
10 PRINT "MARKS OBTAINED BY RAJANI"
20 PRINT
30 PRINT 4 + 6 + 12 + 8
40 END
```

का परिणाम यह होगा -

```
MARKS OBTAINED BY RAJANI

30
```

4. एक ही कथन में अभिदर्शित किए जाने हेतु एक या अनेक अवयव हो सकते हैं, किन्तु प्रत्येक दो अवयवों के मध्य एक अल्पविराम अर्थात कोमा अथवा एक अर्धविराम अर्थात सेमीकोलन अंकित होना चाहिये। ये प्रतिचिन्ह परिणाम में अभिदर्शित नहीं होते।

5. उपरोक्त में वर्णित अवयवों के मध्य यदि अल्पविरामों का उपयोग किया गया है तो बेसिक परदे की चौड़ाई को 5 भागों में विभाजित करती है, जिनमें से प्रत्येक भाग 15 चरितों की चौड़ाई का होता है। इस स्थिति में परिणाम इन्हीं स्थानों पर अभिदर्शित होते है - अर्थात एक पंक्ति में पाँच अस्तियाँ।

जैसे क्रमशय कथन - 24 PRINT "RAJANI", 6, 12, "=", 6 + 12, "PASSED"

का परिणाम यह होगा - RAJANI 6 12 = 18 PASSED

ध्यान दीजिये कथन में अभिदर्शन के लिये छः अस्तियाँ होने के कारण अन्तिम अस्ति नीचे की पंक्ति में अभिदर्शित हुई है। संख्याएँ जहाँ भी उद्धरण के बिना दी गई हैं., प्रोग्राम ने उनके मान ज्ञात करके उपलब्ध कराये हैं। यह भी ध्यान देने योगय है कि दूसरी पंक्ति में शब्द को प्रथन स्तंभ में अंकित किया गया है। इसे यदि किसी अन्य स्तंभ मे लिखे जाने के लिये हमें कुछ स्तंभों का रिक्त छोड़ना होगा। यह कार्य कुछ अतिरिक्त अल्पविराम कर सकते हैं।

जैसे प्रोग्राम कथन - 24 PRINT "RAJANI", 6, 12, "=", 6 + 12,,,, "PASSED"

का परिणाम यह होगा -

```
RAJANI   6      12     =      18
                PASSED
```

इसमें तीन अतिरिक्त अल्पविराम होने के कारण दूसरी पंक्ति के शब्द को तीन स्तंभ आगे अंकित किया गया है।

6. उपरोक्त नियम 4 में वर्णित अवयवों के मध्य यदि अर्धविरामों PRINT का उपयोग किया गया है तो परिणाम एक ही पंक्ति में अंकित हो सकते है।

जैसे क्रमशय कथन - 24 PRINT "RAJANI"; 6; 12; "="; 6 + 12; "PASSED"

का परिणाम यह होगा - RAJANI 6 12 = 18 PASSED

चर तथा मान प्रदत्तन कथन

बेसिक प्रकरण में ही नहीं, सभी प्रकार के क्रमशयों में **चर** नामों का उपयोग बहुतायत में होता है। अज्ञात परिणामों को प्रारंभ में कोई चर नाम देकर समीकरण बनाया जाना और समीकरणों को हल करके चरों के मान ज्ञात किया जाना - बीजगणित का मूल मंत्र है, जिसका उपयोग क्रमशयन में भी किया जाता है।

यदि क्रमशय में कोई चर उपस्थित होता है तो उसके मान निर्धारण की संक्रिया भी आवश्यक रूप से उपस्थित

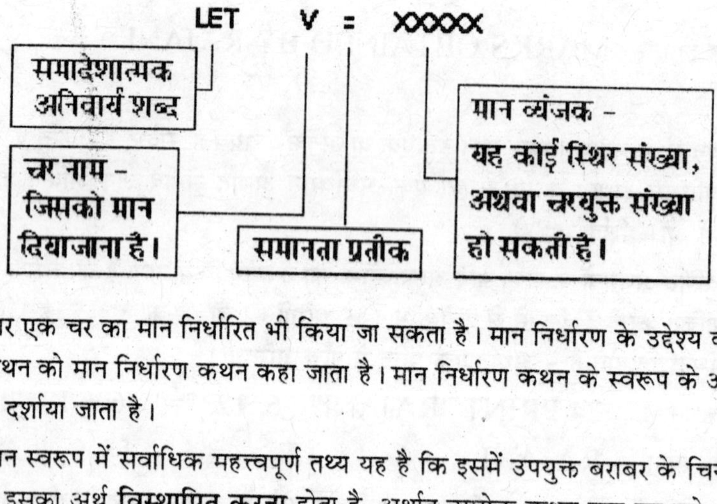

होगी। अनेक बार एक चर का मान निर्धारित भी किया जा सकता है। मान निर्धारण के उद्देश्य को सम्पन्न करने के लिए उपयुक्त कथन को मान निर्धारण कथन कहा जाता है। मान निर्धारण कथन के स्वरूप के आवश्यक अंगों को पार्श्व चित्रानुसार दर्शाया जाता है।

उपरोक्त कथन स्वरूप में सर्वाधिक महत्त्वपूर्ण तथ्य यह है कि इसमें उपयुक्त बराबर के चिन्ह का अर्थ बराबर कदापि नहीं है। इसका अर्थ **विस्थापित करना** होता है, अर्थात् उपरोक्त कथन द्वारा चर को व्यंजक के मान से विस्थापित किया गया है। मान निर्धारण कथन के बारे में निम्नलिखित नियमों का ध्यान रखना आवश्यक है-

1. चर नाम कोई एक रोमन अक्षर अथवा रोमन अक्षर के साथ कोई एक संख्या हो सकता है, जैसे - A, B, C, D, ... अथवा A1, B5, C10, D300, ... आदि। बेसिक में इसके अतिरिक्त कोई अन्य चर स्वरूप मान्य नहीं है।

जैसे क्रमशय -

```
22 LET A = 5
23 LET B100 = 10
24 PRINT "RAJANI", A+B100, "PASSED"
25 END
```

का परिणाम यह होगा - RAJANI 15 PASSED

2. क्रमशय में जिस स्थान पर मान निर्धारण कथन प्रयुक्त किया जा रहा है, उससे पूर्व मान व्यंजक में उपयुक्त सभी चरों के मान किसी कथन द्वारा निर्धारित होने आवश्यक होते हैं, अन्यथा मान निर्धारण कथन निरर्थक हो जाता है। मान व्यंजक में प्रयुक्त चरों के मान यदि कथन के बाद निर्धारित किए जाते हैं तो कथन में उनका उपयोग नहीं होता।

जैसे क्रमशय -

```
22 LET A = 5
23 LET B100 = 10
24 PRINT "RAJANI", A + B100 + C, "PASSED"
25 END
```

का परिणाम यह होगा - RAJANI PASSED

क्योंकि प्रोग्राम दिये व्यक्तव में C का मान न जानने के कारण उसका मान ज्ञात न कर सका।

चर नामों के उपयोग का एक महत्त्वपूर्ण लाभ यह भी है कि गणितीय व्यंजकों को बार-बार अंकित करने से बचने के लिये उन्हें चर नाम प्रदान कर दिये जाते हैं एवं व्यंजकों के स्थान पर उन नामों का उपयोग ही पर्याप्त होता है। जैसे 35.4706 सेमी की एक भुजा के वर्ग अन्दर बने इसी व्यास का एक वृत बना है जैसा कि चित्र में दिखाया गया है। वृत के बाहर तथा वर्ग के अन्दर के क्षेत्रफल जिसे चित्र में रंगीन दिखाया गया है, का मान ज्ञात करने के लिये क्रमशय इस प्रकार बनाया जा सकता है -

उदाहरण - 1

```
10 LET S = 35.4706^2
20 LET C = 3.14*35.4706^2/4
30 PRINT S - C
40 END
```

अथवा इस प्रकार -

```
10 LET A = 35.4706
20 LET S = A^2
30 LET C = 3.14*A/4
40 PRINT S - C
50 END
```

स्पष्ट है कि दूसरी विधि अधिक सुविधाजनक है।

इसके अतिरिक्त भी अनके उपयोगों में चर नामों के उपयोग की आवश्यकता होती है। जो परिणाम क्रमशय में बार-बार बदलते हैं, उन्हें भी चर नाम प्रदान किए जाते हैं और चर का मान क्रमशय में आवश्यकतानुसार परिवर्तित होता रहता है। जैसे कि उपरोक्त चित्र की भुजा का मान यदि क्रमशः 3, 5, 7 तथा 9 होता हो तो रंगीन क्षेत्रफल के चार मान ज्ञात करने के लिये क्रमशय इस प्रकार का हो सकता है -

उदाहरण - 2

```
10 LET A = 3
20 LET B = A^2 - 3.14*A/4
50 PRINT B
60 LET A = 5
70 PRINT B
80 LET A = 7
90 PRINT B
100 LET A = 9
110 PRINT B
120 END
```

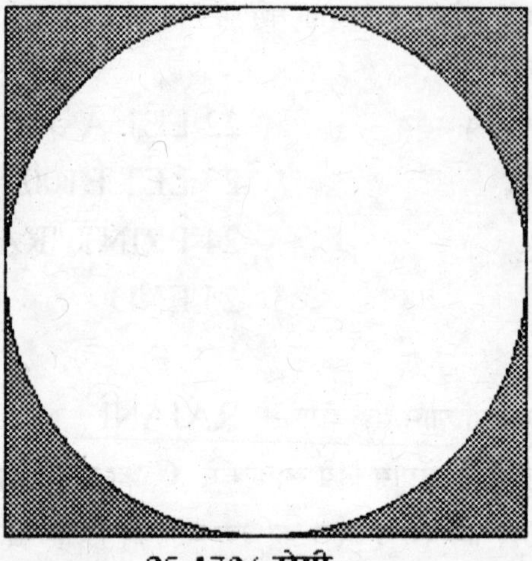

इस प्रोग्राम में चर ए तथा बी से बहुत सुविधा हुई है।

उपरोक्त दो कथनों के विवरणों के बाद यह स्पष्ट करना आवश्यक है कि बेसिक में गणितीय संगणनाओं अथवा फलनों के प्रयोग के लिए कोई अलग से कथन नहीं है। सभी संगणनाएँ आदि मान निर्धारण कथन लैट अथवा प्रिण्ट कथन द्वारा ही सम्पन्न होती हैं। क्रमशायी को अपना मंतव्य मान निर्धारण इन कथनों में ही व्यक्तवों को यथावत् अंकित कर देने से ही स्पष्ट करना होता है। इन कथनों में जो व्यक्तव प्रयुक्त होते हैं, बेसिक उनका परिणाम ज्ञात करके ही आगे की कार्यवाही करती है।

उदाहरण - 3

4 तथा 10 सेमी की त्रिज्या के गोलों के आयतन व प्रत्येक आयतन के समतुल्य आयतन के घन की एक भुजा का मान निकालिए तथा परिणामों को RADIUS, VOLUME तथा CUBEARM शीर्षकों की तालिका मे दर्शाइए।

प्रयुक्त सूत्र - $V = \frac{4}{3}\pi R^3$ $A = \sqrt[3]{V}$

```
10 PRINT "RADIUS", "VOLUME", "CUBEARM"
20 LET R = 4
30 LET V = (4/3)*3.14*R^3
40 LET A = V^(1/3)
50 PRINT R, V, A
60 LET R = 10
70 PRINT R, V, A
80 END
```

उदाहरण - 4

जयपुर तथा जोधपुर के अक्षांश एवं देशांतर अक्षांश क्रमशः लगभग (75.8X26.9) तथा (73X26.3) है। यदि इस क्षेत्र मे एक अक्षांश का मान 90 कि. मी. तथा 1 देशांतर अक्षांश का मान 100 कि. मी. हो तो दोनों नगरों के मध्य सरल रेखा दूरी निकालने के लिये प्रोग्राम बनाइये।

```
10 LET X1 = 75.8*90
20 LET Y1 = 26.9*100
30 LET X2 = 73*90
40 LET Y2 = 26.3*100
50 PRINT ((X1 - X2)^2 + (Y1 - Y2)^2)^(1/2)
60 END
```

टिप्पणी कथन

विस्तृत क्रमशयों के निर्माण में कभी-कभी लंबा समय लग सकता है जिससे प्रारंभ में विकसित सूचनाएँ अन्त तक विस्मृत हो सकती हैं। साथ ही एक ही क्रमशय पर विभिन्न लोगों को भी कार्य करना पड़ सकता है। अतः क्रमशयन संक्रिया में तारतम्य की सुविधा के लिये यह आवश्यक है कि क्रमशयन में उपयुक्त मान्यताएँ व अवधारणाएँ क्रमशय में ही उपलब्ध हों। इससे क्रमशय के संशोधन में भी सुविधा होगी।

बेसिक में इस प्रकार की टिप्पणियों को अंकित करने की व्यवस्था है। क्रमशय में किसी भी पंक्ति में END कथन रखा जा सकता है जो क्रमशय में टिप्पणियाँ अंकित करने का करता है। इस कथन में कथन संख्या के बाद END शब्द तथा उसके बाद टिप्पणी स्वरूप कुछ भी अंकित किया जा सकता है। टिप्पणी कितनी भी पंक्तियों की हो सकती है, किन्तु प्रत्येक पंक्ति के प्रारंभ में शब्द END अंकित होना चाहिए। एक ही क्रमशय में टिप्पणीयाँ एक या अनेक स्थानों पर हो सकती हैं।

बेसिक भाषा प्रोग्राम जिस पंक्ति के प्रारंभ में END शब्द पाता है, क्रमशय के उपयोग के समय उस पंक्ति को अनदेखा कर देता है।

उदाहरण -

```
10 REM This program is to display the applicatiion
20 REM of Remark Statement. We answer to Reader's querries.
30 PRINT"WHAT IS THE PURPOSE OF THIS BOOK?"
40 PRINT"THE PURPOSE OF THIS BOOK IS TO MOVE A STEP
50 PRINT "AHEAD TOWARDS OUR OBJECTIVE OF DEVELOPING
60 PRINT "A COMPUTER LANGUAGE IN HINDI"
70 REM People generally ignore Hindi Readers and feel that
80 REM They are not fit for Computer Education. We feel that
90 REM Commputers are for everybody and from every body's
100 REM point of view, easy to learn material should be
110 REM made available to all.
```

```
120 LET A = "IT IS A GOOD IDEA"
130 PRINT A
140 LET B = "KEEP ON SMILING, IT PAYS"
150 PRINT B; A
160 PRINT A;","B
170 END
```

अभ्यास :

1. अपनी कक्षा के 10 क्षात्रों की सक्रमांक सूची तैयार करने के लिये एक प्रोग्राम बनाइये तथा इसका परीक्षण कीजिये।

2. बेसिक भाषा प्रोग्राम पटल पर मात्र एक-एक अधिदेश के उपयोग से निम्नलिखित गणितीय व्यक्तवों के मान ज्ञात कीजिये -

$$2x87^3 \qquad (99/5)^{1/3} \qquad (56+43x6)^2/8$$

प्रश्नमाला :

1. टिप्पणी कथन के क्या उपयोग हैं?
2. चर नामों का उपयोग किन उद्देश्यों के लिये किया जाता है?
3. बेसिक भाषा प्रोग्राम चरों का उपयोग कैसे करता है?
4. बेसिक प्रोग्राम में कोमा तथा सेमीकोलन चिन्हों के उपयोग समझाइये।

विषय अनुक्रम